철학자가 본

우주의 역사

철학자가 본

우주의 역사

윤구병 글

보리

차례

추천하는 말

부록

일러두기

1. 이 책에는 사라지거나 숨어 있는 우리말을 되살려 새로운 낱말을 빚어내어 글을 썼습니다.
   또 학계에서 주로 쓰는 학문용어를 쉬운 입말로 바꾸어 뜻매김을 새로 하기도 했습니다.
   국어사전에서 쉽게 찾을 수 없거나, 사전에 나오는 뜻과 다르게 쓰인 낱말들은
   아래 첨자로 그 뜻풀이를 적어 두었습니다.
   ⓔ 뭇산이생명체, 한뉘우주, 아제미래, 결파동, 톨입자, 큰펑빅뱅, 떼데한몸시공 연속체

2. 부록에 '이 책에 나오는 우리말'을 담아서 새롭고 낯선 말들을 한눈에 살필 수 있게 했습니다.

철학자가 본

우주의 역사

1부

이 우주 안에서 일어나는 일에 '반드시(필연)'는 없다.
어쩌다 이런저런 일이 벌어진다.

우주의 역사를 쓴다는 것은
양자의 역사를 쓰는 것이나
먼지의 역사를 쓰는 것이나 거기서 거기다.

이 우주 안의 역사는
어쩌다 그렇게 쓰이게 되는 것뿐이다.

1

없는 힘됨과 있는 힘함

예로부터 달리 할 일이 없는 건달들이 심심풀이로 우주의 역사를 써 왔다. 어떤 이들은 '물'을 중심으로, 어떤 이들은 '불'이나 '바람'을 중심으로, 또 어떤 이들은 '흙'을 중심으로, 아니면 있는 것, 가득 찬 것을 앞세우는 이도 있었고 그에 맞서 없는 것, 텅 빈 것을 내세우는 이들도 있었다. 저마다 한가락 했다. 이를테면 엠페도클레스는 '물, 불, 바람, 흙'을 저마다 따로 있는 것으로 보고 '사랑'이라는 힘은 이들을 끌어모아 이것저것을 빚어내고, 여기에 맞서 '미움'이라는 힘은 이들을 찢어발겨 제자리로 돌아가게 한다고 우겼다. 이런 생각의 끝자락에서 현대 물리학의 에너지 보존의 법칙, 엔트로피의 법칙 따위가 나왔다. $E=mc^2$이라는 터무니없는 야바위 공식(나는 그렇게 본다)으로 우러름을 받는 사람도 생겨났다.

'힘 energy'이 모든 물리학 이론의 알맹이가 되었다. 있는 힘, 없는 힘이 모두 이 힘이 무엇인지, 어디에서 나오는지에 기울어졌다. 20세기 물리학은 '뻥튀기 큰펑, big bang' 힘이 휩쓸었다. 강냉이튀김에나 쓸 허술하기 짝이 없는 이론모형이 천체물리학의 실험과 관찰 결과에 얼추 들어맞는다는 가정 아래 그 밖의 쓸 만한 이론 모형들을 죄다 문밖으로 몰아냈다.

그러나 잘 들어라. 힘은 '가득 참'(이를테면 파르메니데스의 '하나', '있음')에서도 나오지 않고 '텅 빔'(이를테면 부처의 '일체개공')에서도 나오지 않는다. '스스로는 움직이지 않으면서 다른 것들을 움직이게 하는 것 kinoun akineton'은 이 우주 안에는 없다. 스스로 만들기도 하고 감돌기도 하고 휘돌기도 하는 힘의 고비고비, 구비구비 '없는 것 Nichts, nonbeing'에 바탕을 두고 있다. 모든 힘은 겉으로 어떻게 드러나든 '빔'과 '참'의 겹꼬임이다. 참에서 빔으로, 빔에서 참으로 흐르면서 스미는 이 힘이 그 꼬이는 마디마디에서 이것저것을 빚어낸다는 말은 여러 차례에 걸쳐 이미 했다. 몸 corpus을 지닌 것만이 무게 barus를 지니고 이 무게의 힘으로 다른 몸을 끌어당긴다는 이론은 이 우주의 구석구석에 '검은 몸 흑체, black body'을 숨겨 놓을 수밖에 없고 그것을 '검은 구멍 블랙홀, black hole'으로 포장하는데, 온갖 곳으로 툭 트여 있는 우주 공간에 이 검은 구멍은 어디로 '통'해 있겠는가?

'없는 것'에는 없는 힘(이것을 '됨 werden'이라고 부르자)과 있는 힘(이것을 '함 tun'이라고 부르자)이 함께 자리 잡고 있다. 이 '없는 것'은 하나 1, 一者가 아니다. 여럿이다. (우리는 '여럿 多'의 최소단위를 '둘'이라고 부르는데 이 우주를 통틀어 둘은 1과 0, 있음과 없음, 참과 빔밖에 없다.) '없는 것'은 겹꼬인 힘의 마당 field이고 모든 톨 이것, 저것, particle, soma을 넘어선 결 파동, wave들의 흐름이다. 이 결들이 서로 다른 흐름을 보이는 까닭은 저마다 결이 다르기 때문이다. 결이 다른 까닭은 그 안에 있는 힘과 없는 힘이 저마다 다르게 섞여 있기 때문이다. 이 힘들이 섞이는 마당에서 힘이 맞부딪혀 이루는 소용돌이는 세지기도 하고 여려지기도 한다. 따로 까닭이 있어서가 아니다. '어쩌다 우연히' 그렇게 된다. 어쩌다 '있는 것'에서 나오는 힘이 커지기도 하지만, 그래서 '하는 힘'이 앞서기도 하지만, 거의 늘 '없는 것'에서 나오는 힘이 더 크다. 그래서 어쩌다 그렇게 되는 일이 더 많다.

이 우주 안에서 일어나는 일에 '반드시 필연'는 없다. 어쩌다 이린저런 일이 벌어진다. 일을 벌이는 놈이 따로 없다는 말이다. 우주의 역사를 쓴다는 것은 양자 요동의 역사를 쓰는 것이나, 먼지의 역사를 쓰는 것이나, 천체의 역사를 쓰는 것이나, 허공의 역사를 쓰는 것이나 거기서 거기다. 이 우주 안의 역사는 어쩌다 그렇게 쓰이게 되는 것뿐이다. 나는 이 우주를 휩쓰는 바람의 역사를 쓸 수도 있다. 우퍽지퍽한 검은 구멍, 흰 구멍, 벌레 구멍의 역사를 파고들 수도 있다. 그러나 사람으로 뭉쳐 있을 틈이 거의 없는 이 나이에 그보다는 더 할 직한 일이 더 많아서 그런 밥버러지 노릇은 그만두기로 한다. 다만 여기서 놓쳐서는 안 되는 것이 있다. 모든 결들이 그저 그렇게 아무렇게나 흐르는 결이 아니라 스스로 제힘으로 움직이는 삶결, 살아 있는 결이고, 살아서 움직인다는 점에서 한결같다는 것이다. '어쩌다'를 바꿔 말하면 '저절로'가 된다.

2

빛과 어둠의 역사

역사에는 여러 가지가 있다. 물질의 역사도 있고 생명의 역사도 있다. 지질학사, 천체물리학사, 인간 중심의 정치사, 경제사, 문화사, 예술사, 전쟁사, …… 물리학사, 화학사, 생물학사……. 어제에서 이제로 이어지는 가닥을 살피는 일은 거의 모두 역사라는 딱지를 붙여도 된다. 이들은 모두 겉으로 드러나는 이'것' 저'것'이 언제 어디서 어떻게 바뀌면서 이어지는지를 밝히는 눈시각으로 가늠하는 역사이니, 이 모두를 뭉뚱그려 '톨'들의 역사로 부르자. 말하자면 시각을 증인으로 삼는 역사이고 빛으로 확인하는 역사다. 톨로 뭉친 것들이 없으면, 그리고 빛으로 드러나지 않으면 이 모든 역사는 암흑으로 돌아간다. 그러나 빛의 역사가 있으면 어둠의 역사도 있다. 우주의 역사에서 톨들의 역사가 먼지 알갱이 크기라면 어둠에 잠긴 빈터 우주 공간의 역사는 바다처럼 크다. 그리고 그 빈터라고 여겨지는 어둠은 온갖 힘들이 넘실대는 캄캄한 마당이다. 무엇이 톨들로 이루어진 양자들을, 성운과 성단들을, 이런저런 계들을 이루는 이것저것을 맴돌게, 감돌게, 휘돌게, 소용돌이치게 하는가? 그렇게 되는 까닭이 어디 있는가? '어쩌다'나 '반드시'나 '저절로'나 '누군가 시켜서'는 그럴싸한 말이기는 하지만 겨냥이 바르다고 할 수는 없다.

빛의 빠르기가 길라잡이 노릇을 한 적이 있다. 지금도 물리학자들은 이론물리학자건, 실험물리학자건, 얼치기 수리물리학도건 여기에 사로잡혀 있다. 주름진 공간의 역사, 곧은 줄 직선에 가깝게 펼쳐지기도 하고, 돌돌 말려 보이지 않는 점으로 오므라들기도 하는 온갖 구비와 고비로 이루어진 마루와 바닥의 역사, 어떤 것도 내치지 않고 받아들이고 끌어안는 힘과 맞서서 부딪히고 밀쳐내는 힘이 자리바꿈을 하는, 한 줄기로 여겨지는 빛덩이 광자를 헤아릴 수 없이 많은 가닥으로 풀어헤치는 그 틈새의 역사. 순간을 영원으로, 영원을 순간으로 바꿔치기 하는 '때데한몸 시공 연속체, spacetime continuum'의 굽이침, 멈출 듯 멈출 듯 멈추지 않는 이 힘들의 흐름, 노자가 '검암 현빈'으로 부르고 우리가 '고마 또는 마고'로 부르는 'ᄒᆞᆫ 올', 이것저것을 이런저런 꼴로 빚어내기도 하고 허물어뜨리기도 하고 끊임없이 바뀌게 하는, 또는 바뀌게 되는 이 무질서 속의 질서, 거꾸로 질서 속의 무질서. 이 우주 안에서 일어나는 일은 크거나 작거나 내 일이고 우리 집안일이라면?

3

빛과 소리

사람이 들을 수 있는 소리의 높낮이와 길고 짧음은 아주 좁은 영역으로 제한되어 있다. 소리의 흐름을 빛과 그림자로, 빛과 그림자를 소리의 흐름으로 바꿔 내는 일도 아직은 원시 단계에 머물러 있다(이런 점에서 사람은 눈도 멀고 귀도 먼 생명체다). 무한히 작은 점으로 응축되어 있던 우주가 그 무한한 힘을 스스로 견디지 못하고 어느 천문학적 찰나에 "펑"하고 폭발해서 이 우주가 생겨났다고? 그야말로 삶은 소대가리가 웃을 우스갯소리인데 요즘 거의 모든 우주 발생론자들이 어쩌다 가모프란 물리학도가 입 밖에 낸 이 말을 정설로 받아들이고 있다.

이 우주는 시끄러운(사람뿐만 아니라 뭇산이들의 귀를 멀게 한) 굉음으로부터 시작된 게 아니다. 머잖아(인류가 그때까지 살아남을 수 있다면) 이 우주의 빛과 그늘을 모두 소리로 바꿀 수 있고, 우주에서 들려오는 온갖 소리들을 빛과 그림자로 옮길 수 있는 음향 조율사, 색채 마술사가 나타날 것이다(라고 나는 믿는다). 삶의 소리는 삶의 빛과 마찬가지로(예외적 경우가 있기는 하지만) 조율되어 있다. 양자 요동이 삶의 도약이라면 언젠가 그 움직임도 증폭되어 들을 수 있는 소리, 볼 수 있는 그림으로 드러날 것이고 사람의 눈에는 먼지로 보이는 잔별들이나 천문학적 규모인 태양계 같은 계에서 성운이나 성단, 그리고 밤하늘을 가득 채우고 있는 별들의 움직임이 내는 소리들도 조율되어 귀로 듣거나 눈으로 볼 수 있을 것이다. 그렇게 되면 우주 팽창의 증거라고 떠들어 대는 적색편이 같은 현상이 태양계의 먼지 알갱이보다 더 작은 이 땅별이라는 기울어진 운동장에서 바늘구멍으로 본 것을 부풀려서 거기에 그럴싸한 온갖 수식으로 도배하여 얻은 수상한 결과라는 사실도 오래잖아 밝혀질 것이다.

이 우주는 태초에 첫발을 내디딘 적도 없고 까마득한 날에 빼덩빼덩 굳어서 움직임을 멈출 한시적 무엇것이 아니다. 화산이 폭발하는 소리를 들어 본 적이 있는가? 지진이 진동하는 소리는? 그것이 다이너마이트가 터지는 소리처럼 시끄러운 소음으로만 들리리라고 누가 말할 수 있는가? 풀잎이 움 돋는 소리, 꽃이 벙그는 소리, 먼지벌레들이 꼼지락거리는 소리, 이 모든 소리와 마찬가지로 온 우주의 검은 힘 마당과 휘고 감고 맴도는 모든 것들이 드러내는 결들의 빛과 소리가 화음으로 가득 차 있고 느닷없는 비명처럼 여기저기서 울부짖는 게 아니라면 어찌할 텐가?

4

영원회귀의 역사

우주의 역사는 '없는 것'의 역사와 마찬가지로 태초가 없다. 무한하다. 끝없이 흐르고 또 흐르면서 그 안에 모든 것을 감싸 안는다. 빈 듯이 차 있고 찬 듯이 비어 있는 이 역사는 수사학적으로 영원회귀의 역사다. 꼴을 바꾸면서, 그와 함께 소리(발소리로 의인화해도 좋다)를 바꾸면서 끊임없이 되풀이하고 또 되풀이하는 삶 바로 그것의 역사다. 그런 뜻에서 우주의 역사는 영원한 윤회의 역사다. 이 또한 수사학적 표현이다. 이제부터 이 우주의 어둠을 이루는 주름진 힘의 골과 가끔 드러나는 빛마루를 더듬을 차례인데, 내 손끝이 나비 애벌레 발이나 벌 애벌레 살갗처럼 부드럽기를 바라는 건 지나친 욕심이겠지?

빛마루는 톨꼴을 지닌 빛톨광자, photon이 자리한 곳이다. 이 아슬아슬한 바늘 끝을 빼면 나머지는 모두 어둠 속에 잠겨 있다. 질량이 없다는, 따라서 무게도 없다는 이 빛톨은 아직도 수수께끼다. 그 안에 온갖 빛깔의 빗살들을 헤아릴 수 없이 많이 담고 있고, 또 무게가 없다는 데도 빠르기가 제한이 있기 때문이다. 빛은 아무리 두꺼운 바위라도 저항 없이 꿰뚫는다는 뮤온muon 같은 가상 입자와는 달리 스며들지 않고 반사된다(더 정확하게는 빛에는 반사되는 부분이 있다). 루크레티우스의 《De Rerum Natura》(흔히 <사물의 본성에 대하여>로 번역되나 <것들의 됨됨이>로 옮겨도 된다)에 따르면 독립 원자의 빠르기는 다른 원자와 부딪히는 일만 없으면 공간 속에서 무한하다(만일에 사람의 의식이나 생명력이 독립 원자에 버금하는 힘을 지니고 있다면, 그리고 만일에 우주 공간에 끝이 있다면 눈 깜짝할 새에 우주라는 구슬의 겉을 헤아릴 수 없이 몇 차례고 핥을 수 있다는 뜻이다). 이것은 공간이 빈틈없이 이어져 있어서 무엇인가가 거기에 닿으면 그 울림이 온 우주에 한꺼번에 퍼져 나간다는 것을 가정하지 않으면 있을 수 없는 일이다. 다시 말해서 빛마루까지 보태어 우주 공간은 하나로 이어져 있는 결을 이루고 있다는 뜻이다. 이 가정에 무리가 있는가? 어디에 잘못이 있는가?

이 우주 안을 채우고 있는 결들은 어떤 것은 큰 뿌리로, 어떤 것은 잔뿌리로 뻗어 있으나 어떤 실뿌리도 그 힘이 0보다 크고, 어떤 굵은 뿌리도 그 힘이 1보다 작다. 멈춤, 다시 말해 정지점을 나타내는 0 또는 1이라는 우주 상수는 이 우주 안에는 없다. 하나님의 화신도 부처님의 화신도 이 우주는 받아들이지 않는다. 이 우주 안에서 출렁이는 크고 작은 힘의 결들을 가리고 고르는 일은 우주 밖에 있는 절대자의 몫이 아니다. 그 일은 '저절로' 또는 '어쩌다' 이루어진다. 비유적으로 말한다면 '내'가 낀 '우리'가 '하고' '된다'.

5

공간에서 시간으로

데모크리토스에서 에피쿠로스를 거쳐 루크레티우스에 이르는 동안 고대 원자론자들이 무한한 수의 원자와 무한히 펼쳐져 있는 공간으로 이 우주의 삼라만상을 설명하는 우주론의 밑돌을 놓고, 이와는 대조적으로 플라톤이 《티마이오스》 편에서 수학적으로 측정 가능한 정삼각형과 직각삼각형으로 산술 중항과 조화 중항까지 동원하여 평면 우주를 설계한 뒤로 현대물리학자들은 수학자들의 도움을 얻어 이 두 우주론을 절충하기 시작했다. 그들은 원자론자들의 무한한 우주 공간은 고무풍선처럼 이 순간에도 무한히 부풀어 오르는 유한한 하나의 공간으로 가정했으나, 바깥 껍질과 그 속에 들어 있는 것으로 여겨지는 알갱이로 원자가 이루어져 있다는 가정 아래 먼저 양파껍질 벗기기에 들어갔다. 다시 말해 겉과 속으로 이루어진 톨을 저미고 또 저며서 속을 겉으로 드러내는 분석과 분해 작업에 들어간 것이다. 이것은 평면으로 입체를 구성하려는 플라톤의 우주 모형을 그 차례만 바꾸어 입체를 평면으로 환원하려는, 그래서 측정과 계산이 가능한 것으로 만들려는 작업이었다. 그리하여, 보라. 그들은 드디어 쿼크로 불리는 양자로 쪼개는 것까지 성공했다. 그러나 양자 수준에서도 입자는 겉과 속을 지니고 있었다. 입체를 평면으로 환원하는 작업은 실패로 돌아간 것이다. 물론 위안을 얻을 수는 있었다. 그 사이에 전자와 그 각 운동이 밝혀지고, 양자역학의 성과는 현대 기술공학에 혁혁한 공헌을 했다. 우주선을 우주 공간에 쏘아 올려 살눈육안으로는 볼 수 없었던 다양한 천체들을 관찰할 수 있었고 전자현미경으로 미시세계의 크기를 한껏 넓혀 놓을 수도 있었다. 그 결과로 그들은 우주를 재편할 수도 있다고 믿기도 했다. 홀로그램과 사이버 공간 같은 말은 그런 믿음에 힘을 실어 주기도 했다. 이 구조역학의 승리는 새로운 학문인 구조주의를 낳았고 이 구조주의는 기능주의를 포섭하여 구조기능주의라는 말까지 낳았다.

그러나 이런 공간화에 대한 집착은 그에 대한 반동으로 힘에 대한 숭상을 낳았고 (뉴턴의 고전역학, 현대물리학의 양자역학, $E=mc^2$, 전자기력, 강력, 약력, 중력…… 들에서 '역', '력', '*E*' 따위는 '힘力'을 가리킨다.) 이 힘은 움직임을 나타내는 말이어서 드디어 시간이 개입하기 시작한다. 철학에서는 베르그송과 하이데거가 각각 《사유와 운동Pensée et mouvant》, 《존재와 시간Sein und Zeit》을 쓰고 물리학에서는 시공 연속체가 운위된다. 시간은 틈새가 넓다. 우주론적 시간, 지질학적 시간, 생명체 진화의 시간, 계통발생과 개체발생의 시간, 천체 형성의 시간, 미생물 존속의 시간, 염기서열 배열의 시간, 양자 생성과 소멸의 시간…….

'시각'으로 측정되는 시간의 갈래는 천차만별이다. 여기에 연속succession만이 아니라 지속durée, duration까지 덧붙는다.

6

삶의 힘

삶의 힘생명력은 어디에서 오는가? 전자가 테두리를 두르며 밖에서 돌고, 그 중심에는 핵이 들어앉아 있고, 전자의 수와 함께 핵의 수도 늘면 여기저기에 줄지어 원소들이 늘어선다. 그리고 전자와 핵의 수와 함께 질이 달라지는 이 원소들이 '저절로' 또는 '어쩌다' 서로 가까이 다가가 화학반응을 일으켜 무기물을 유기물로 바꾸고, 유기물에서 유기체가 생겨나면 거기서 어쩌다 또는 저절로 생명력이 발생하는가? 아니면 그런 조건이 갖추어지면 밖에서 어떤 힘이 밀고 들어와 생명체를 발생시키는가? 이 오래된 논쟁에는 아직 정설이 없다. 물리학은 제일의 법칙(이 우주 안에 성립하는 법칙은 우주 안에서는 한결같다)이 통하는데 생명의 법칙은 예외인가? 물질을 움직이는 힘과 생명을 움직이는 힘은 딴판인가? 생명의 출현은 어쩌다 특정 조건에서만 일어날 수 있는 특별한 현상인가? 글쎄? 물리학의 장기인 환원은 왜 이 자리에서는 딴전을 피우지? 모두 딴청을 부리니까? 그리고 이런 문제를 종교나 믿음의 영역으로 밀쳐 두니까?

살결과 숨결의 관점에서 이 문제를 거들어 보기로 하자. 여기에 바람결이나 물결을 곁들여도 좋다.

우주에도 바람결이 있는가? 그리고 천체들도 이 바람결에 휩쓸리는가? 내 대답은 '그렇다'이다. 우주 두루하나제일의 법칙에 따라서 우주에 휘몰아치는 바람의 힘이 아니라면, 천체를 이루는 온갖 것들이 어떻게, 무슨 까닭으로 맴돌고 감돌고 휘돌 수 있겠는가? 그리고 이 바람결은 숨결과 어떻게 다른가? 엠페도클레스의 '사랑'의 힘을 '인력'으로, '미움'의 힘을 '척력'으로 바꾸어 끄는 힘, 밀어내는 힘으로 객관화시킨다고 해서 무엇이 달라지는가? 사랑과 미움은 인간의 전유물인가? 그렇지 않다고 나는 우긴다. 같은 힘인데 드러내는 방식만 다를 뿐이다.

우주적 친화력은 물질만 공유하는 게 아니다. 이 친화력이 보편적이라면 그 힘은 온 우주에 깔려 있어야 한다. 시간에도 공간에도 그 친화력이 부여되어야 한다. 이 친화력이 우주를 감싸는 짝을 이루는 힘, 전통 어법에 따르면 음양의 힘이고 주고받는 힘이다. 그리고 그 마디마디에서 몸을 이룬다. 성단도 이루고 태양계도 이루고 생명계도 이루고 미세먼지도 이루고 요동치는 미립자 계도 이룬다. 이 순간 나는 나름으로 한껏 귀를 열어 우주의 화음, 생명력이 부르는 합창 소리를 듣는다.

7

주름을 빚어내는 바람의 힘, 삶을 빚어내는 결의 움직임

삶의 결을 이루는 힘생명력과 산것생명체을 빚는 결의 움직임을 말하기에 앞서, 먼저 이 우주의 빈터공간에 생기는 주름과 그 주름을 빚어내는 바람의 힘을 좀 더 길게 언급하자. 크고 작은 무게를 지닌 몸들로 빚어진 모든 것들은 양자든 꽃가루든 미세먼지든 바이러스든 별똥이든 우주먼지든 위성, 행성, 항성이든 태양계나 안드로메다 성단이든 검은 별이든 갓 폭발한 초신성이든 가리지 않고 서로 끌어당기며 맴돌기도 하고 감돌기도 하고 휘돌기도 하고 소용돌이치며 퍼지기도 하고 한데 모이기도 한다. 그러한 움직임이 바람을 일으켜 물결처럼 우주 공간을 주름지게 하기도 하고, 더 큰 바람의 힘이 이 우주 공간의 이곳저곳에서 몰아쳐 성단과 성운들을 이런저런 꼴로 감돌거나 휘돌게 하기도 하면서 우주 공간을 뒤틀고 꼬고 휘젓고 갖가지 주름을 빚기도 한다. 이 우주 공간의 파동결, wave은 꼴shape로도 소리sound로도 드러나는데 사람의 살눈肉眼과 살귀肉耳에는 보이지도 들리지도 않는다. 왜냐고? 그런 모습이나 소리는 살몸肉身을 이루고 있는 뭇산이생명체 가운데 하나인 사람의 삶에 도움을 주지 못하기 때문이다.

이에 따르는 더 꼼꼼한 일들은 달리 할 일 없는 학자, 지식인, 전문가에게 맡기고 이제부터 힘생명력과 몸생명체을 더 파고들어 보자. 알다시피 '함'과 '됨'으로 이루어진 '힘'은 워낙 추상화되어 있어서 그것이 있다는 것만 빼고는 아직도 밝혀진 것이 거의 없다. 이것을 오리무중이라고 한다. 눈에 보이는 게 없다. 살아 있는지, 죽었는지, 잠들어 있는지, 또는 이런 말이 가당키나 한 말인지조차도 모른다.

먼저 생각이 빚어지는 사람의 얼이 언제부터인지 차츰 삭아들어('삭다'는 말은 '썩다'는 말과 뿌리가 하나다. 젓갈은 새우나 멸치 같은 물고기가 삭은 것이고, 새를 엮어 지붕을 덮으면 한두 해 지나 썩은새가 되어 벗겨 내고 새것으로 갈아 줘야 하고, 얼이 썩으면 어리석은 사람이 된다) 요즘 들어 어리석은 사람들의 생각이 연구실, 강당, 두뇌 집단들이 모이는 곳을 가득 채우고 그것이 종이에 묻거나 소리와 몸짓으로 방송을 타면 그 전염력이 코로나-19나 그 변이보다 더 강해서 그 썩은 냄새에 온갖 날파리들이 모여든다. 새로운 연구 성과, 천재적 발상으로 포장되어 학술의 전당에 방부제를 잔뜩 바르고 영구 보존이 되기도 한다.

어쩌다 말이 곁길로 샜는데 다시 산힘생명력과 산것생체으로 말길을 돌리자. 무릇 하고 되는 힘이 결을 이루어 퍼질 때 빈틈이 많은 공간의 주름에 따르는데, 이 빈틈은 '없는 것'이 자리 잡은 틈새다. 그런데 없는 것은 아예 통째로 텅 빈 그릇이 아니라 앞서 말했던 바와 같이 0.000…∞…1만큼 빠져서 거의 빈 것이나 다름없는 것에서부터 0.999…∞…9만큼 채워져서 거의 가득 찬 것이나 진배없는 것까지 그 정도가 천차만별이라는 것은 이미 앞에서도 말했다. 이루 말할 수 없이 작아서 거의 꼴다운 꼴을 갖추지 못한 것들이 저절로, 어쩌다 꼼작거릴 때 힘마당에 우퍽지퍽하지 않고 결이 고르면, 그것들은 제 뜻대로 움직인다. 다시 말해 질서가 있다.

우리가 흔히 물질로 부르는 아예 식어서 겉으로 보기에 굳어버린 것들은 비교적 질서정연한 분자구조를 이룬다. 그리고 액정이라고 불리는 절반쯤 굳어진 물렁이들은 그 나름으로 질서 있는 움직임을 보이는데, 이 움직임은 어느 한쪽으로 쏠린다. 우리는 이것을 방향성을 지닌다고 한다. 이때의 움직임을 우리는 '시간'의 울타리에 넣어 시계로 잰다. 이 시계는 우리 손목에 채워질 수도 있고 허블망원경이나 이 땅별 여기저기에 세워진 엄청나게 큰 접시꼴의 우주 잡음 집적기가 될 수도 있고 방사선 측정기나 지질 탐사 장치의 모습을 띨 수도 있다. 산것의 몸 안에서 똑딱거리는 생체시계도 있다.

생명력을 이루는 힘의 결은 여러 갈래로 가지를 쳐서 양자 수준에서, 원자나 원소 수준에서, 화합물 수준에서, 또 그 가운데 유기화합물 수준에서, 생체 수준에서, 더 나아가면 우주적 수준에서 여러 모습으로 결고 틀지만, 여기에서는 '산몸생체'으로만 말을 모으기로 하자. 그리고 그 가운데서도 우주만큼 키운 왕방울 눈으로 보기에는 바늘 끝에 올려놓아도 눈에 띄지 않을 만큼 작디작은 먼지 가운데 먼지인 이 땅별이라는 행성에서 살아 움직이는 뭇산이들에 논의를 한정하기로 하자.

먼저 요즘 바이러스가 유행이므로 바이러스 수준에서 이야기를 시작할까? 바이러스는 수억 년(어쩌면 수십억 년일지도 모른다) 전부터 이 땅별에 살고 있었다고 한다. 하기야 그 녀석들의 평균 수명이 200만 년이라는 '썰'도 있으니까. 지금까지 실험실 수준에서 밝혀낸 이들의 꼴새와 하는 짓과 몸바꿈은 여러모로 눈길을 끈다. 이것들은 파스퇴르가 정의한 세균이 아니다. 몸집도 훨씬 작고 이들에게는 세포핵, 세포질 같은 기관은 말할 것도 없고 숨통이나 먹이를 삼키는 입도 없다 한다. 바이러스들은 사는 게 좋아서 살고 떼 지어 사는 게 더 좋아서 떼를 짓는다. 그리고 그 작은 몸 밖에 돋아난 돌기로 둘레의 힘을 모아 스스로 몸을 바꾸기도 하고, 곁에 얼쩡거리는 동무들을 꼬여 몫과 몸을 바꾸게 하기도 한다. 이 녀석들은 아무 데나 몸 붙이고 살 수 있지만, 뭇산이들의 숨통 가까이에 살면서 거기를 놀이마당으로 삼기를 좋아하는 듯하다. 우리는 인류가 이 땅별에 나타나기 훨씬 전에 태어나 아직까지 젊음을 잃지 않는 이 산이를 '녀석'이라고 부르기보다는 예의범절을 지켜 '분'이라고 불러야 될 듯하다. 우리는 유전자와 산것들이 저마다 몸에 지니고 있다는 유전정보를 밝히는 일에 미친 시대에 살고 있으므로, 그리고 유전정보는 담배씨 같은 작은 씨앗 안에 담겨 있기도 하고 각질 세포나 머리카락 끝이나 타조알같이 제법 큰 알에 자리 잡고 있다고도 하니까, 바이러스가 그 작디작은 몸 안에 지난날 살아오면서 겪고 쌓아온 정보들이 얼마나 되며, 그의 삶에 어떤 몫을 하는지 알아내고 그 정보와 정보교환 능력을 교란시켜서 적어도 사람 몸은 헐거나 뜯거나 아프지 않게 하겠다는 뜻으로 현재 범세계적으로 이루어지고 있는 방역의 노력에는 아낌없는 성원으로 동참해야 할 것으로 본다.

유전이란 무엇인가? 이 말은 산것들이 지난날 살아오면서 겪었던 일들을 뒤에 살 것들에게 남겨서 사는 데 도움이 되도록 넘겨준다는 뜻을 담고 있다. 이 유전 인자가 건네주는 정보에는 살길이 그 지도에 그려져 있기도 하지만 가끔 죽을 길이 입력되어 있기도 하다. 살 힘을 얻는다는 게 그렇게 만만한 일은 아니다. 그리고 그 힘을 유전자가 독점하고 있는 것도 아니다. 바라는 바 기대치와는 달리 유전정보가 되었건 생활정보가 되었건 정보의 많고 적음이 개체나 종의 수명에 큰 힘을 미치지는 않는 듯하다.

바이러스들이 유전의 형태로 몸에 지닌 정보들은 그 수에서나 주고받는 공유의 행태에서나 여러모로 우리의 눈길을 끈다. 먼저 바이러스가 몸에 지닌 유전정보는 몇 안 되는 것으로 알려져 있다. 그 하잘것없는 정보로 수억 또는 수십억 년을 살아남을 수 있었다는 게 놀랍지 않은가? 바이러스의 역사는 생명의 역사는 아닐지라도 적어도 생명체(이 땅별에서 산이들 또는 살아가는 이들)의 역사임은 틀림없다. 그것은 오래된 과거의 역사일뿐더러 오래될 미래의 역사이기도 할 것이다. 그런데 바이러스는 그 몇 안 되는 유전정보마저 때에 따라 아낌없이 서로 주고받는다. 다른 산것과 달리 종에 따르는 독점 또는 분점이 일어나지 않는다는 뜻이다. 살 힘이 되는 것은 받고 살릴 힘이 되는 것을 내준다. 달리 말하면 협동하되 경쟁하지 않는다. 그리고 주고받는 힘으로 재빨리 모습을 바꾼다. 그냥 겉모습만 바꾸는 게 아니다. 알맹이까지 바꾼다. 이렇게 해서 어떤 가

혹한 환경에서도 오래오래 살아남는다. 종으로서도 그렇고 개체로서도 그렇다. 다른 산이들에게 이러한 삶은 도움이 되기도 하고 때에 따라 해를 끼치기도 한다.

마음이 바쁘므로 여기에서 크게는 인류, 작게는 대한민국 국민 사이에 돌림병처럼 번지고 있는 가짜 정보에 대해서 한마디 하자. 가짜 정보는 그것에 목매는, 서로 갈라진 패거리들의 싸움에 잠깐 도움을 줄지도 모르지만, 길게 보아 그것은 살리는 힘이 아니라 죽이는 힘이다. 가짜 뉴스의 온상이 되고 있는 조·중·동·문을 비롯한 극우 매체들은 그 거짓 정보가 마침내는 그들의 목을 조를 뿐만 아니라 그들에 기대는 많은 지지자들을 옭아맬 밧줄이 될 것이라는 사실에 눈을 감고 있다. 애달픈 일이다. 살고 살리는 일에 온 힘을 기울여도 모자랄 판에 저만 살고 제 패거리만 살리겠다고 날치는 꼴을 보면 '이것들이 사람인가?' 싶지만, 그것들이 바로 지속 가능한 생존을 가로막는 사람이다. 바이러스가 떼 지어 나서서 그러지 말라고 말리고 있으나 아무도 그이들 말을 귀담아들으려고 하지 않는다. 그저 퇴치해야 할 질병으로 여길 뿐이다.

8

유전의 역사

유전이란 무엇인가? 갈래 진 삶의 힘이 저 나름으로 마디를 이루면서 그 안에 얼개를 짜고 몸을 이루어 제돌이자전를 하는 것이다. 틀 안에 갇힌 힘은 꼴을 이루고 크고 작은 꼴들은 제 모습을 본뜬 마디들이 시간의 흐름에 맞서 그 꼴을 바꾸지 않게 울타리를 두른다. 그러나 움직이고 바뀌는 힘의 결은 안팎에서 그 마디들에 끼어들어 됨됨이를 바꾸어 낸다. 이것은 양자 수준에서나 미생물에서나 성단에서나 가릴 것 없이 어디에나 두루 있는편재하는 드러남현상이다.

힘은 왜 이렇게 저마다 다른 꼴로 한 몸 안에 갇히는가? 그리고 그 꼴들은 되풀이되는가? 끄는 힘과 미는 힘은 어떻게 다른가? 이에 대한 해답은 아직도 미궁이다. 이런 물음에 뜻이 없다거나 엇나간 물음이라거나 해서 덮어 두자는 말을 하려는 것은 아니다. 그러나 이런 힘 빼는소모적 질문에 앞서, 이 땅별에서 이제까지 있어 온 산것생체의 몸 안에서 어떤 물리적, 화학적, 생물학적, 의식적 변화가 왜 그렇게 일어났는지를 조금 더 깊이 파고들고 싶을 뿐이다.

다시 말을 유전정보 쪽으로 돌리자. 유전정보는 살아 있는 정보이고 몸 안에 똬리 튼 이미 주어진 것data이다. 그것은 몸에 새겨지고 몸을 그렇게 빚은 이른바 기억(더 좁혀서 말하면 신체적 기억)이다. 다시 말해서 이어지는 지난날이다. 그 가운데는 이제야 밝혀지는 오래된 어제도 있고 엊그제 일어난 일이어서 미처 알아볼 틈이 없었던 비교적 새로운 기억 현상도 있다. 우리는 대물림된 정보만 유전정보라고 부른다. 어떤 유전정보는 우리 눈앞에서 대물림되기도 하고 바꿔치기 되기도 한다. 짧거나 길거나 세대를 건너뛰어 이어지는 기억의 고리들을 사람의 힘이 미치는 울타리 안에서 실험과 관찰 그리고 이론적 모형을 통해서 살펴본 결과, 작게는 바이러스 수준에서, 크게는 사람 수준에서 이런 유전자 지도가 이렇게 그려지더라는 것이 현재의 성과라면 성과다. 그러나 이 지도에 미래는 새겨져(그려져) 있지 않다. 예측은 어디까지나 예측에 지나지 않는다.

이 지구라는 행성도 우주 역사의 산물이므로 이 안에서 이루어지는 생명체의 진화도 우주 역사의 한 부분이다. 이 지구에서 발견된 생명체 가운데 바이러스는 지금까지 알려진 바로는 가장 오래 살아남았고 지금도 살아 있는 생명체인데, 이 생명체가 지닌 유전정보는 이제까지 알려진 유전정보와는 사뭇 다르다는 게 문제라면 문제다. 불길한 전망이기는 하지만 이 유전정보는 인위적으로 조작 가능한 그래서 실제로 조작된 정보라는 설도 있다.

생체 에너지는 산몸생체이 지니고 있는 힘이다. 이 힘은 한자리에 머물지 않는다. 몸 안에 들어오기도 하고 몸에서 빠져나가기도 한다. 산몸의 꼴을 갖추고 그 안에 이런저런 그릇을 빚어 늘어놓는 몫은 이른바 유전자가 맡고 있다는 것이 이제까지의 학설이다. 이 학설에 따르면 씨앗이나 씨알에 이 유전자가 지닌 유전정보가 압축된 형태로 들어 있다. 유전정보가 밖에 있는 힘들을 끌어모아 살아 있는 것들의 몸집을 키워나가는가? 그런 힘이 유전정보에 입력되어 있고 그 힘이 펼쳐져 진화evolution가 이루어지는가? 글쎄다. 바이러스들의 움직임은 우리에게 다른 길도 있다는 것을 보여 주는 듯하다.

9

생명의 역사

티끌 가운데 티끌 가운데 티끌 같은 돌로 뭉친 이 땅별에 하나님은 "빛이 있으라!" 외쳤고 그래서 헬륨 덩이로 이루어진 티끌 가운데 티끌인 햇빛이 밝아 왔다. 하나님은 이 빛에 기대 뭇산이들을 빚고 마지막으로 사람 꼴을 빚었다. 하나님은 기거나 헤엄치기나 뛰거나 나는 것들에게 눈을 달아 주어 빛을 보게 하고, 빛에 기대 먹을 것을 찾게 해 주고, 갈 길과 살길을 밝혀 주었다. 그러나 그 햇빛은 하루의 반, 한 달의 반, 한 해의 반만 비추었으므로 뭇산이들은 반쪽 어둠 속에서 눈 감고 자거나 쉴 수 있었다.

20세기에 들어서면서 한번 하나님에게 등 돌리다가 에덴동산에서 쫓겨났던 인간종자는 밤이 아까웠다. 인간 가운데 하나님 같은 종자들이 나타났다. 증기기관과 방적기를 만들어 낸 인간은 드디어 전깃불까지 만들어 냈다. "할렐루야!" 어둠을 몰아낸 인공의 불빛을 좇아 떼 지어 달려들었다가 그 아래 죽어서 수북이 쌓인 것은 불나비들만이 아니었다. 공장의 불빛에 삼교대로 내몰린 노동자들이 무더기로 쓰러져 갔다. 불빛은 도시에서만 밤을 몰아낸 것은 아니었다. 새로운 과학기술 문명이라는 신의 발길이 닿는 곳마다 어둠은 밝혀지고 잠과 쉼은 발붙일 곳이 없어졌다. 가로수도 풀벌레도 산란용 양계도 예외는 아니었다. 교회 십자가나 환락가에만 홍등이 밝혀진 것도 아니었다. 텔레비전이, 컴퓨터와 휴대폰이, 밤낮없이 빛의 속도로 움직이는 금융상품이, 인공위성이, 저 먼 성간을 가로지르는 보이저voyager호가 인간의 밤을 빼앗아 갔다. 그야말로 눈에 불을 밝혀야 살 수 있는 시대가 되었다. 이 사이에 인간의 개입으로 우주 공간에서는 무슨 일이 벌어지고 있는가?

미크로코스모스mikrokosmos에서도 매크로코스모스makrokosmos에서도 기이한 현상들이 벌어지고 있다. 20세기에 등장한 과학 문명의 '새로운 신New God'이 하나님을 대신하여 "빛이 있으라!" 하매 136억 년 전에 큰펑빅뱅, big bang이 일어나 새로 탄생한 우주에 빛톨이 뿌려지고 관찰자의 눈독을 쏘이자 결로 흐르던 빛살은 얼어붙어 벽에 희고 검은 줄로 그어졌다. 새로운 신의 의지에 따라 빛톨은 우주 해석의 가늠자가 되었다. 어디 그

뿐인가? '새로운 신'은 유전자 조작을 거쳐 새로운 생명체들을 만들어 내고, 그것은 곧 생화학무기로 둔갑하기 시작했다. 나는 이 우주에서 인간의 역사가 이쯤에서 끝나기를 바란다.

0.999…∞…9 나머지 9 → 거의 참 → 있으님('하나'님)

0.000…∞…1 나머지 1 → 거의 빔 → 없으님('꽝'님)

∞무한으로 이어진 이 '참'과 '빔'의 어느 자리, 어느 때에서 우리 인간은 흔들리고 있을까?

둥그미동그라미, 원는 인간 상상력의 처음이자 끝에 잇대어 있다. 파르메니데스는 '하나(1)'이자 '이스미있음, 有'를 둥근 꼴sphairoeides로 보았다. 인도나 중국의 옛 깨치미선각자들도 마찬가지였다. 이스미뿐만 아니다. '어스미없음, 空, 無'도 마찬가지다. 있는 것과 마찬가지로 없는 것도 참충만과 더불어 빔허무, 허공도 그 꼴은 둥근 것으로 머리에 그렸다. 무극이나 태극뿐만 아니라 있음과 없음, 참과 빔, 빛과 그늘로 짝을 이룬 양의兩儀, 음양도 서로 꼬리를 물고 감고 도는 둥그미로 그려졌다. 현대물리학의 양전자, 음전자양자, 전자의 움직임도 여기에서 벗어나지 않는다. 천체의 움직임도 마찬가지다. 둥그미는 멈춤정지의 상징이 아니다. 그것은 움직임, 돎, 결의 상징이다. 제돌이자전, 남돌이타전, 맴돌이공전, 휘돌이확산, 감돌이응집…… 돌아가고 돌아옴은 그것이 영원회귀로 표현되든 원융무애무르녹아 언제 어디에도 걸림이 없음로 그려지든 순환으로 글꼴을 갖추든 다를 게 없다. 세모꼴이 됐든 네모꼴이 됐든 다른 꼴들은 멈춤의 표상일 수 있으나 둥그미나 동글이는 둥글둥글, 동글동글 돈다. 가장 작은 톨들도, 그 톨들을 모두 감싼 한뉘우주 공간도 돌고 돈다. 돌면서 몸집을 키우거나 줄인다. 그것은 ○, ◑, ⊙…… 같은 여러 가지 갖가지 꼴로 우리의 머릿속에, 맘속에, 그리고 칠판이나 종이 위에 그려진다. 걸림이 없고 멈춤이 없다. 높낮이를 이루며 출렁이며 흐른다. 판타레이panta rhei. 같은 강에 두 번 발을 담글 수 없다(헤라클레이토스가 한 말이다). 인류의 두뇌 속에 예와 이제를 가리지 않고 떠오르는 이 그림, 그리고 그것을 증언하는 물방울, 공기 방울, 비눗방울, 알, 씨앗, 해와 달과 별…… 들은 어떻게 생겨났을까? 생겨날까?

밖의 힘에 기대지 않고 저절로 움직이는 살아 있는 힘은 처음에는 숨 쉬지 않고, 따라서 감기는 힘에 따라 톨꼴을 지니면서 빛 속에 드러났다. 그러다 숨 쉬는 사니생명체가 나타나면서 먹이를 찾기 시작했다. 알에서 뿌리가 나고 움이 트고 제자리에서 빛버무림광합성을 하는 사니식물들에 이어 산소로 먹이를 태워 힘을 얻는 움직사니동물들이 나타났다. 원핵세포가 미토콘드리아와 한 몸이 되어 세포분열을 시작하여 몸집을 불려 나갔다. 이들은 햇살과 바람결과 물결 그리고 상대적으로 단단한 땅에 기대 살면서 앞뒤, 왼오른, 높낮이가 있는 자리공간에서 몸을 가누려면 발과 팔, 날개와 지느러미 들을 양쪽에 고루 매달아 균형을 갖추어야 했고, 그래서 몸 안의 내장 기관과는 달리 몸매는 왼오른나란이짝좌우 대칭을 이루고 기거나 뛰거나 날기 시작했다. 본디 꼴인 둥그미가 가지에 가지를 쳐 온갖 꼴이 빚어졌다. 그러나 사람의 햇수 헤아리기로 수십억 년을 살아남은 둥그미들은 제 꼴을 바꾸지 않았다. 그들은 예나 이제나 둥글게 만 몸으로 숨 쉬지도 않고 먹이를 찾지도 않으면서 삶에 도움이 되는 몇 안 되는 정보로만 살길을 찾아냈다. 사람이 전자현미경이라는 기계 눈으로 찾아 그려 낸 바이러스나 박테리아는 이 원시 생명체의 제 모습이 아니다. 그것은 빛에 드러난 결의 뭉침일 뿐이다. 그들이 내뿜는 힘은 어둠 속에 감추어져 있다. 구슬 꼴의 몸에서 줄기가 생기고 그 위에 둥글게 꽃판이 피어난 듯이 보이는 코로나-19 바이러스의 모습은 눈에 보이지 않는 결들을 지워 낸 어설픈 그림일 뿐이다.

10

양자 요동과 천체의 교란

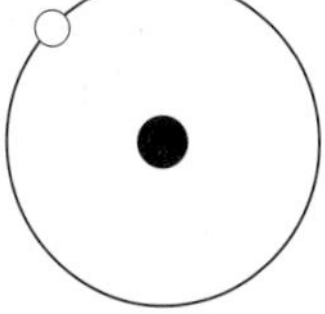

핵이 하나, 전자가 하나인 수소 원자를 보기로 들자. 양자역학에 따르면 하나로 알려져 있던 원자핵 안에는 적어도 다섯 개의 쿼크가 있다top, bottom, up, down, charm[1].

그리고 전자가 이 핵을 둘러싸고 자취를 확정할 수 없는 안개 운동을 하고 있는데, 이 전자가 누비는 공간을 축구장에 견주면 전자와 원자핵의 크기는 각각 모래알과 축구공에 견줄 만하다고 한다. 그러니까 우리가 원자로 알고 있는 것은 이 축구장 전체를 가리키는 것이다. 이 전자의 움직임은 핵 안에 있는 양자들의 요동을 일으키는 빌미가 된다. 전자가 원운동을 하는데, 그 길이 한결같지 않고 그때그때 달라져서 거기에 맞추려고 핵 안에 있는 양자들이 움직이는 꼴이 요동으로 여겨질 만큼 종잡을 수 없다는 것이다. 꼭대기에 있는 놈, 바닥에 있는 놈, 위로 가는 놈, 아래로 가는 놈, 어디에 있는지, 어디로 가는지조차 모를 이상한 놈……. 이것들을 굳이 톨로 여겨서 그렇지, 흐르는 결로 보면 딱 알맞다. 전자의 흐름이 미치는 힘에 따라 양자들도 움직이는데, 거꾸로 양자들이 요동치는 힘에 따라 전자가 움직이는 길이 달라진다고 봐도 된다. 그때그때 움직이는 모습이 걷잡을 수 없어서 요동으로밖에 볼 수 없다는 말이다. 그러니까 너울대는 축구장의 움직임에 맞추어 축구공 안에서 움직이는 힘의 결은 너무나 숨 가쁠 수밖에 없으므로 다른 말로 표현할 수 없고 '요동친다'는 말밖에 쓸 수 없다는 뜻이다.

그런데 이런 현상이 원자 수준에서만 벌어지고 있을까? 아니, 천체를 비롯한 톨꼴을 띤 모든 것 안에서 일어나는 현상이다. 천체물리학자들에 따르면 별이나 별무리들이 차지하고 있는 자리는 어둠 속에 잠겨 있는 텅 빈 공간에 견주어 원자핵이 원자에서 차지하고 있는 자리보다 더 좁다. 그리고 이 넓디넓은 어둠 속에서 별들은 구름처럼 피어오르거나 스러지기도 하고 우주 먼지들이 감돌면서 말리고 말려 빛을 내는 별이 되거나 쪼그라들어 어둠 속에 사라지기도 하고 폭발하여 초신성으로 빛나기도 한다. 이 별무리들이 안정을 찾는 과정은 맴돌거나 감돌거나 휘도는 움직임을 드러내는 것인데, 이러한 움직임도 언제 어디에서 교란을 일으킬지 모른다. 이것이 우리 인간 가운데 가장 똑똑하다는 이른바 현대물리학자, 수학자들이 밝혀낸 사실이다. 이 우주가 큰펑 빅뱅으로 태어났다는 학설은 그야말로 뻥에 지나지 않는데, 달리 더 그럴듯하게 썰을 푸는 사람이 나타날 때까지는 그래도 가장 그럴싸한 이름으로 행세할 것이다. 그때까지 인류가 살아남을지는 모르겠지만.

1. 핵이 하나, 전자가 하나인 수소 원자를 보기로 들자. 양자역학에 따르면 하나로 알려져 있던 원자핵은 양성자와 중성자라는 핵자로 이루어져 있으며, 양성자는 위 쿼크 두 개와 아래 쿼크 한 개, 중성자는 위 쿼크 한 개와 아래 쿼크 두 개로 이루어진다. 다만 수소 원자의 핵 안에는 중성자가 없고 양성자만 있다.

11

그늘 바람과 볕 바람

한뉘에도 바람이 인다. 좀누리 미시세계, micro cosmos인 원자의 세계에서나 사이누리 중간계, mid cosmos인 땅별 지구에서 바람이 부는 것과 다르지 않다. 바람은 좀누리 알 핵에 들어 있다는 볕씨 양자들의 몸부림이다. 이 볕씨들 둘레를 크고 넓게 감고 도는 그늘씨 전자들의 움직임과 크게 다르지 않게 한뉘 천체에도 크고 작은 여러 바람길이 누비고 있다. 눈에 안 보이고 자취를 찾을 수 없어 '없음'으로 불리는 '어두운 힘 음'과 눈에 드러나고 자취를 남기는 까닭에 '있음'으로 불리는 '밝은 힘 양'이 겯고 틀면서 일으키는 바람을 하늘바람이라고 부르자. 이 하늘바람 또는 하늬바람도 세기와 여리기가 있고 크기가 있으며 그 바람길이 일으키는 골과 곳이 있고 그 바람을 가로막는 바람벽도 있다. 흔히 우주 공간 또는 천체 공간으로 부르는 겉보기에 빈터인 이 공간은 그냥 빈터가 아니다.

그렇다고 아인슈타인이 그린 고무판 같은 탄성체도 아니고 시간과 맞바꿀 수 있는 것도 아니다. 그것은 바람길이 내는, 또 바람결에 따르는 힘에 움직임을 드러내는 저마다 다른 자리들이다. 여기에서도 바람의 움직임은 사이누리에서 이는 바람과 크게 다르지 않다. 돌개바람이나 미친 바람도 가끔 일지만 널리 세 가지로 갈라 볼 수 있겠다. 맴도는 바람, 휘도는 바람, 감도는 바람. 맴돌이와 휘돌이와 감돌이가 별, 별무리, 별구름, 별띠 같은 것의 움직임과 어떤 관계가 있는지는 앞에서 넌지시 일러 준 바 있으나 앞으로도 다시 이야기할 틈이 날 것이다. 맴돌이가 별들의 서로 끄는 힘인력으로, 감돌이가 무건 힘중력, 모으는 힘-응집력으로, 휘돌이가 퍼지는 힘미는 힘-척력, 터지는 힘-폭발력, 흩어지는 힘-확산력으로 나타난다는 것에도 미리 귀띔한 바가 있다. 한뉘에서 벌어지는 일들은 결떨림진동파으로 그것은 눈에 보이는 여러 결길이파장를 가진 빛으로 드러나기도 하고, 소리결음파로 귀에 들리기도 하고, 짙고 옅은 띠그물로 하늘 쪽에 펼쳐진 접시전파 감지 장치에 잡히기도 한다. 그리고 그런 것을 한데 모아 슈퍼컴퓨터를 써서 그 꼴과 빠르기, 별 떼의 모임과 흩어짐의 여러 모습을 비슷그림시뮬레이션으로 그려 내 그것을 한뉘의 여러 꼴로 우리에게 보여 주는 이른바 천문학자들도 있다. 이들은 요즘 들어 이런저런 계, 이를테면 태양계나 성단안드로메다 성단이나 성운(이것을 저마다 우리말 '울', '무리', '구름'으로 부르자)에서 검은 구멍블랙홀을 찾는 사람 두더지가 되고 있다. 그리고 사이누리의 하나인 땅별에 태풍이 일 때 이 거센 회오리바람 한가운데 태풍의 눈이 생기듯이 별들이 한데 모여 맴돌면서 휘돌거나 감돌 때 그 검은 구멍이 어떤 보이지 않는 몫을 하고 있다고 여긴다. 이 검은 구멍들은 물리학자들이 중력장이라고 부르는 것과 닮은 구석이 많다.

다만 그것은 그 자리에 머무는 고무판이 아니라 휘돌이, 감돌이에 따라 움직이는 밑 빠진 독들이다. 하늘에 떠 있는 티끌의 티끌의 티끌 같은 빛 알갱이들인 별들(그것이 외톨이 빛이든, 떼 지은 빛무리든, 모이고 흩어지는 빛의 쟁반들이든 가리지 않고)은 양자들 사이나 원자핵, 분자, 세포, 바이러스, 숨 쉬고 먹고 마셔야 살 수 있는, 살눈에도 보이는 뭇산이들 사이에 보이는 몸부림요동과 비슷한 여러 움직임을 보인다. 그러니까 볕알갱이양자, 그늘알갱이전자에서부터 사이누리중간계에 이르기까지 나타나는 힘겨루기 또는 힘 떨치기가 우주 차원에서도 일어나고 있고, 거기에는 눈에 띄는 빛의 움직임보다는 눈에 안 보이는 그늘지고 어두운 힘이 더 큰 힘을 쓰고 있다는 것이다. 그것은 마치 바다에서 삼각파도의 꼭짓점에서 반짝이는 빛은 그늘을 이루는 비탈이나 골, 그리고 그것들을 불러일으키는 바닷물이 지닌 힘에 견주어 참으로 보잘것없다는 것을 뜻한다. 게다가 이런 천체 연구가 이제 갓난아이가 떼놓는 어설픈 첫 발자국에 지나지 않는다고 첨단 연구진들이 입 모아 털어놓고 있는 데에야…….

12

어둠 속에서 흐르는 삶의 결

천체물리학자들은 빛을 드러내는, 또는 빛에 드러난 톨들이 어둠 속에 잠겨 있는 빈터공간에 견주어 아주 드물고, 우주 공간 크기와 그 크기를 견주면 축구장 몇 개를 모은 빈자리에 축구공 하나가 달랑 놓여 있을 만큼 작다고 한다. 그런데 계산에 따르면 이 빈터는 이 순간에도 엄청난 빠르기로 부풀고 있어, 앞으로는 이 빛톨과 어둠 속의 빈터 사이는 더 성글어지리라고 한다. 모든 것을 톨을 바탕에 두고 재는 이 천문학자들이 어느 날 알고 보니 별로 드러나는 빛톨들보다 어둠알 또는 검은 구멍으로 불리는 까만 몸이 더 많더라고 떠들어 댈지도 모른다. 한뉘의 날숨이 뿜어내는 빛보다 들숨이 삼키는 어둠이 더 많은 이 우주라는 괴물이 물리적 실체에 그치지 않고 바로 그것이 생명인 '하나'라면? "나는 빛이요 생명이라"는 기독교의 하나님이 바로 이 우주를 가리키는 이름이라면? 그리고 만일에 이 우주가 '무없음'에서 창조된 것이어서 이 피조물이 무화되는 순간 하나있음인 것마저 설 자리를 잃는다면?

모든 결은 세기와 여리기, 길기와 짧기, 높낮이를 가리지 않고 하나로 이어져 있는 흐름을 가리킨다. 이것이 있음과 없음이라는 두 힘이 겹으로 꼬여 이루어진 흐름이라는 것은 앞에서 여러 차례 밝혔다. 한빔태허, 太虛, 한끝 태극, 太極, 끝없음 무극, 無極, 그늘과 빛음양, 때데시공, 끌힘인력, 밀힘척력…… 같은 말로, 또는 있음-없음有無, 임-아님, 같음-다름, 닮음-안 닮음…… 같은 말로 이 한뉘와 온갖 흐름을 밝히려고 했던 옛사람들의 상상력을 나는 높이 산다. 《반야심경》이나 《법성게》 같은 것도 이 우주적 상상력의 열매로 볼 수 있다. 톨원자과 빔공간으로 온갖 것삼라만상을 설명하려고 애썼던 이른바 고대 원자론자들이나 물, 불, 바람, 흙을 네 가지 큰 것四大으로 보고 이것을 사랑끄는 힘, 뭉치는 힘과 미움미는 힘, 흩는 힘으로 한데 모으고 여럿으로 흩으려 했던 엠페도클레스 같은 옛 '아롬사랑이철학자'들의 머리 씀도 높이 산다.

오늘날처럼 힘이라는 말이 온갖 물리현상을 아우른 적은 없었다. 이러한 현상은 19세기 말부터 나타나기 시작했다. 많은 이들이 이들 여러 힘에 끌린 것은 그것이 사람 힘보다 더 많은 일을 하는 기계의 힘, 기술의 힘을 상징했기 때문이었다. 그러나 그 힘은 사람의 살아 움직이는 힘을 함부로 써서 고갈시키고 쓰레기들을(산업폐기물까지 보태서) 양산하는 힘이기도 했다. 우주적 관점에서 보면 사람도 자연현상의 일부이므로 이 우주에는 쓰레기가 없고 다만 없어서 아쉬운 힘과 넘쳐서 쓸모없는 데 쓰이는 힘의 불균형만 있을지도 모르겠다.

13

어제, 오늘, 그리고 내일

우리가 지금 눈으로 보고 귀로 듣고 있는 우주는 어제의 것이다. 그것은 이미 사라지고 없는 우주일 수도 있다. 그러나 그 모습은 우리에게는 이제, 곧 현재다. 기억을 동반하지 않은 과거가 몇십일지, 몇백일지, 몇천일지 모르는 억 단위의 광년을 가로질러 현재의 우리에게 주어지고 있는 것이다. 이 현상을 어떻게 받아들여야 할까? 이것은 빛으로 측정되는 시간이 다만 사람의 삶에서뿐만 아니라 우주 생명체의 삶을 재는 데에도 거의 쓸모없는 것임을 뜻한다. 전자기파, 중력파 따위의, 우리가 물질파로 보는 것뿐만 아니라 물결, 바람결 같은, 사람의 살눈육안으로 관측할 수 있는 결까지도 번번이 예측을 벗어난다는 사실은 널리 알려져 있다. 하물며 그 안에 기억을 담고 있지 않은 한뉘의 삶결은 더 말할 나위가 없다. 이 우주에는 정보가 없다. 인간이 빚어낸 우주에 관한 모든 정보는 인간이 그 안에 눈금을 새긴 잣대에만 있는 그리매허상일 뿐이다. 그런 점에서 '인간은 만물의 척도'라는 말은 사람에게만 걸맞은 말이다. 우주 생명은 시간의 척도를 벗어난다.

가장 가까운 보기로 이 땅별에 사는 뭇산이들은 몸집이 크거나 작거나, 숨을 쉬고 먹이를 찾거나, 숨은 안 쉬고 먹이를 잡지 않고도 살아남거나를 가리지 않고, 저마다 삶의 결도 다르고 사는 때와 데도 다르고 삶의 길이도 제각각이다. 이 가운데 빛에 드러나 눈으로 볼 수 있는 것만 따져도 그렇다. 눈에 보이지도 않고 귀에 닿지도 않고 사람의 감각기관을(기계장치를 써서 아무리 정교하게 보완하더라도) 총동원해도 잡히지 않는, 그늘 속에서만, 어둠 속에서만 펼쳐지는 삶의 결을 누가 어떻게 감지할 수 있겠는가?

티끌의 티끌의 티끌이 지님 직한 바늘 끝만 한 톨로 뭉치는 삶의 결도 이러할진대 삼천대천세계[2]로 일컬어지는 항하사[3]보다 더 많은 톨들이 너른 바다에서 헤엄치는 돌고래 한 마리꼴로 흩어져 있다는 그늘에 잠긴 이른바 빈 공간에서 굽이치는 삶의 결을 뉘라서 짚어 내어 어느 누구의 있지도 않은 기억 속에 새겨 넣을 수 있으랴. 이제까지 철학에서, 과학에서 찧고 까불었던 시간과 공간에 대한 논의는 돌도 안 지난 젖먹이의 옹

알이 수준을 벗어나지 못하고 있다.

삶의 결이 이 땅별지구에서 펼쳐질진화, evolve 때, 햇볕이나 뭉치는 땅껍질지각의 도움으로 톨꼴을 띠고 그 톨들이 부풀어 몸집을 키우는 쪽으로, 다시 말해 산몸생체으로 얼개를 갖춘다. 그 가운데 어떤 것은 동그미구형, 球形나 막대 꼴을 지니기도 하고, 숨 쉬지도 먹지도 마시지도 않고 사는, 살눈에 보이지 않는 작은산이미생물에 머물기도 하고, 어떤 것은 머리와 손발을 갖춘 큰산이로 몸집을 부풀리기도 한다. 개중에는 지느러미나 날개나 더듬이를 갖춘 것들도 있다. 몸 밖에 있는 바람결에 기대어 몸을 덥히고 몸 안에서 피를 돌리는 데에는 밖에서 주어지는 먹이가 있어야 한다. 먹고 먹히는 먹이사슬은 이렇게 이루어진다. 제 한 몸 살려고 밖에 있는 다른 몸을 삼킬 수밖에 없는 것은 땅별의 비극이다. 오랫동안 이런 현상은 당연한 것으로 여겨져 왔다. 그리고 인간이 기술 문명의 힘으로 자연 생태계에 개입하면서 사회생태학의 이름으로 인간의 역사를 탈바꿈시키는 데 단단히 한몫을 했다.

바이러스라는 딱지가 붙은 작은산이들이 큰산이들의 숨통과 허파에 끼어들어 그곳을 놀이터로 삼아 떼 지어 노는 일이 벌어지자, 사람들은 그것을 어쩌다 스쳐 지나가는 돌림병이나 역병으로 여기고 방역만 잘하면 고쳐질 것으로 보았다. 그러나 우리 인간은 수십억(어쩌면 수백 수천억) 년 동안 어떨 때는 결로 풀리기도 하고 또 어떤 때는 톨로 뭉치기도 하는 이 산몸생체에 대해서는 아직도 깜깜이다. 이들은 생명의 역사에서 가장 오래된 산이들인데 어떻게 해서 이들이 이런 몫을 맡게 되었는지는 아무도 모른다. 이들에게는 특정한 삶의 기억이 아예 없거나 거의 없다. 그 기억장치를 파헤쳐 그것을 없애는무화시키는 것도 기대하기 힘들다. 다만 21세기에 들어 특히 도시 문명을 교란시켜 떼살이를 거의 파편화하는 이들이 전하는 메시지는 귀담아들어야 한다. 이들은 우리에게 숨 쉬지 않고도, 먹고 먹히지 않고도 다른 길이 있음을 알려주는 메신저들이기도 하다. 열반니르바나이 따로 있을 성싶지 않다. 이들은 삶과 죽음을 따로 떼어 놓지 않아도 되는 적멸(생멸이 함께 없어져 무위 적정함, 번뇌의 경계를 떠남)에 이르는 나룻배, 저 언덕피안으로 안내하는 뱃사공이다. 이 땅별의 자연 생태계와 거기에서 무소불위의 힘을 휘두르는 사람이 빚어내는 사회 생태계를 새로운 진화로 이끄는 힘을 뒤늦게 코로나-19 바이러스들이 보여 주고 있지나 않은지 누가 알랴.

2. 불교에서 수미산을 중심으로 이루어진 하나의 세계를 천 개 모은 것을 소천세계, 천 개 모은 것을 하나의 중천세계, 또 이것을 다시 천 개 합친 것을 대천세계라고 한다.
3. 항하의 무수한 모래라는 뜻으로 무한히 많은 수량을 이르는 말이다.

14

삶의 크기

삶의 크기를 재는 자에는 공간이나 물질의 크기를 재는 자에 새겨진 눈금과는 전혀 다른 눈금이 새겨져 있다. 삶의 크기는 우주와 맞먹는다. 그리고 그것을 재는 자에는 구비와 고비가 새겨져 있고, 그 눈금은 재는 사니(사람 빼고도 하나님(1)이나 참빔(0)이나 아주 작은이바이러스나 양자 같은 것) 가운데 누가 재느냐에 따라 흔들리고 그 크기가 늘어나거나 줄어든다.

사람이라는 사니가 손에 든 잣대는 움직이는 것이 지나간 자취만, 그것도 곧줄직선로 그어진 것만 잴 수 있는데, 그것이 고작 잴 수 있는 거리는 0과 1 사이다. 0과 1은 잣대를 들이댈 수 없는 마침끝극한점이다. 따라서 0과 1은 우리의 생각이 펼쳐지는 헤아림셈의 울타리 안에 들지 않는다. 그것은 여러 차례 말했듯이 믿음이 깃드는 곳이다. 파르메니데스는 하나(1)를 건

지려고 나머지 모든 이것저것(이 안에는 공간도 시간도 들어 있다)을 접었고 플라톤은 눈에 띄는 이것저것 또는 보이지도 들리지도 않는, 그러나 있다고 믿어지는 온갖 것을 건지려고 나섰으나, 그는 한 울타리 안에 모든 것을 집어넣는 일에 실패했다. 그래서 바뀌지 않는 여러 하나들이 그 나름으로 하나인 우주 밖에 움직이지 않는 '이데아idea'라는 것으로 저마다 허무에 둘러싸인 채 있게 되었다('이데아는 허무에 둘러싸여 있다'는 말은 내 스승 철학자 박홍규 선생님의 말이다).

플라톤의 우주론을 이어받은 아리스토텔레스가 이 이데아들을 우주라는 울타리 안에 끌어들였으나, 그에 대한 대가로 우주 제작자인 데미우르고스Demiurgos라는 세 번째 것제3자을 끌어들이지 않고 얼버무리려다 '스스로는 움직이지 않으면서 다른 것을 움직이는kinoun akineton' 것을 끌어들였고, 나중에 이것은 기독교의 신으로 군림하게 된다. 어쨌거나 '형상idea'으로부터 가장 먼 곳에 떨어져 있는 것이 땅별지구이거나 순수 질료라는 이름으로 불리고 이 '하나'인 우주는 구슬꼴을 지니고 있다고 믿어졌으므로, 코스모스cosmos에 맞서는 그 우주 한가운데는 카오스혼돈, chaos가 자리하는 곳으로 여겨졌다. 플로티누스가 이 그림을 뒤바꾸었으나, 이 그림은 서구의 철학사와 과학사에 지워지지 않는 흔적을 남기고, 때가 오면 늘 되살아나거나 불림을 받았다. 데카르트는 영(0)을 원점으로 놓고 왼-오른, 위-아래로 온갖 수(이 가운데는 음수, 양수, 분수, 허수, 복소수…… 같은 것으로 불리는 것들이 있다)를 자리 잡게 했으나, 그것은 모두 한 울타리 속에 붐비는 저마다 다른 '헤아릴 수 없음 ∞'의 수학적 기호에 지나지 않고 엄밀히 따지면 하나(1)라는 울타리 안에 갇힌 부스러기들이었다. 데카르트 좌표에 대한 이야기는 틈이 나면 나중에 길게 풀어 이야기하겠다.

우주 중력을 믿는 이들, 그리고 큰펑빅뱅 이론에 심취한 이론 물리학자들은 철학의 관점에서 보면 사이비 신플라톤주의자(나는 왜 플로티누스가 그렇게 불리는지 알 수 없다)들로서 이들은 설명할 수 없는 우주 현상들은 모두 이 중력이나 큰펑 속에 쓸어 넣는데, 이 지적 게으름은 지탄받아 마땅하다. 삶의 크기는 산몸생명체 안에 담기지 않는다. 산것생명체은 삶의 부스러기일 뿐이다. 앞에서도 말했듯이 만일에 우주에 외연이 있고 그 외연에 한계가 있다면 그 울타리 전체에 삶은 물결치고 있다. 우리는 이것을 가리켜 상징 언어로 참빔님(0)과 하나님(1)의 혼례마당이라고 부를 수 있겠다.

15

한뉘바람

바람은 대기권에서만 부는 것이 아니다. 움직임이 있는 곳에는 어디서나 바람이 분다. 양자 바람도 있고, 전자기 바람도 있고, 바이러스가 일으키는 바람도 있고, 맴돌고 감돌고 휘도는 가운데 생기는 한뉘바람우주풍도 있다. 중력도 바람 가운데 하나다. 감도는 가운데 빨아들이는 바람, 끌어당기는 바람. 이와는 거꾸로 빛보다 빠른 속도로 부풀어 올랐고 지금도 끝없이 부풀어 오른다고 떠들어 대는 우주 팽창은 휘도는 한뉘바람이 일으키는 것이다. 스스로 제힘으로 부는 이 바람, 곧 한뉘의 숨결을 살아 있는 바람으로 부르자. 그래서 안 될 턱이 없지 않은가? 결이 있는 곳에는 반드시 바람도 있다. 결이 일으키는 바람, 바람이 일으키는 결. 숨결은 바람을 일으키고 바람결은 물결을 일으킨다.

결을 일으키는 것은 힘으로 드러난다. 전자기력이 됐건, 강력, 양력이 됐건, 중력이 됐건, 이것은 모두 힘이다. 힘은 하는 힘함과 되는 힘됨으로 나뉜다. '하면 된다'는 말이 있다. 함은 능동적이고 됨은 수동적임을 가리키는 말이다. 그러나 '아무리 해도 안 된다'는 말도 있다. 이것은 '됨'으로 알려진 수동적 힘에도 받아들이기만 할 뿐 아니라 맞서는 힘도 있음을 나타내는 말이다. 밀어도 밀리지 않고, 당겨도 당겨지지 않는 힘은 어디에서나 얼굴을 내민다. 전자기력에서도 핵력에서도 중력에서도 드러난다. 그래서 결이 생겨난다. 위up와 아래down, 꼭지top와 바닥bottom이 있고 그것들을 아울러 제멋대로 흩어지거나 뭉치지 않게 하는 힘의 상징인 참한 힘매력, charm이 있다. 두 가닥으로 꼬인 이 힘의 민낯정체을 밝히려는 시도는 인류의 역사상 줄기차게 있어 왔고, 지금도 많은 이른바 물리학자들이 이 일에 머리를 싸매고 있다. 머잖아 20년 이내에 이 힘에 연관된 모든 것이 해명되리라는 과학계의 확신은 이미 사라지고, 천년이 걸려도 밝혀지지 않으리라는 어두운 전망이 그 자리를 대신하고 있다.

내가 배 아파하는 까닭은 다른 데 있다. 다른 시대에는 이런 엉터리 없는 추측에는 돈이 들지 않았는데 요즘에는 엄청난 인민들의 세금으로 이따위 짓들에 뒷돈을 대고 있다는 것이다. 왜 이런 일들이 벌어지게 되었을까? 지배계급인 자본가들이 인민들을 착취하고 그 부를 정당화하기 위한 상징조작으로 뭉텅이 돈을 질러 우주개발, 유전자조작, 초고속 입자가속기 제작에 나서고, 이런 과학적 발견과 발명이 그동안 증기기관을 만들고, 한밤에 전등불을 켜고, 텔레비전 시청과 핸드폰 사용과 무관하지 않다는 이른바 문명의 이기에 대한 현혹을 불러일으켰기 때문이다. 이제 여기에 곁들여 인공지능을 탑재한 안드로이드들, 일손으로 부릴 수도 있는 인조인간의 생산에 대한 전망까지 활짝 열리고 있다. 디트로이트에서만 일어나는 게 아니다. 상트페테르부르크에서도 일어나고 있다. 머잖아 대한민국에서도 인조인간 제작은 유망 산업의 반열에 올라설 것이다.

16

우주 기상학

우리는 지금 우주 역사에서 우주 기상학이라는 전대미문의 학문을 진지하게 연구할 시점에 이르렀다. 우주 관측의 범위가 넓어짐에 따라 이제까지 알려진 바와는 달리 이 우주에 거센 바람이 불고, 그 바람결이 달라짐에 따라 우리의 시각에 와닿는 우주의 모습이 시시각각으로 달라진다는 가설을 세우지 않고는, 달리 설명할 수 없는 현상들이 즐비하게 나타나고 있다. 이를테면 우리는 성운과 성단들이 저마다 꼴은 다르지만, 일정한 패턴pattern들을 보이고, 정상 우주에서는 그 성운과 성단들이 원반형이거나 나선형 구조를 이루고 있다고 여겨 왔다. 그러나 이 가설들을 벗어나는 꼴들이 하나둘 늘어나고, 정작 정상으로 보이는 우주의 부분 계들은, 어둠에 잠겨 눈에 보이지 않는 전체 99.999…의 우주는 빼더라도, 빛알갱이들로 이루어진 것들만 하더라도 바람결에 휩쓸려 저마다 뒤틀어진 모습으로 드러난다는 것이 거의 확실해지고 있다. 이제 적색편이라든지 찍찍대는 우주파들만으로 이 우주의 본디 모습을 구성해내려는 시도는 모두 실패로 돌아갔다고 볼 수 있다.

이 한뉘바람, 우주의 숨결은 어디에서 오는가? 잠자는 우주돼지의 콧김에서 빚어진다고 해도 대들 수 없을 이 현상을 두고 얼마나 많은 배운 자들의 배를 불려야 하는가? 현대 과학의 힘을 입어(?) 이제 이중, 삼중으로 막을 둘러 낱으로 제 모습을 드러낸다고 본 이른바 세포까지 그 막을 뚫고 드나드는 작은산이들이 있다는 게 밝혀지고 있다. 이렇게 보면 막은 막이 아니고 둥그렇게 휘돌고 감도는 (때로는 맴도는) 결의 움직임에 지나지 않는다. 그리고 작은산이로 여겨지는 결들의 뭉침은 어느 사이에 그 결wave과 하나가 되어 스며들고 스며난다고 볼 수 있다. 이 한뉘우주에서 세포를 이루고 그것들이 분열해서 증식하여 숨을 쉬고 먹이를 찾는 길을 찾은 산이생명체들은 아주 드물다고 볼 수밖에 없다. 나머지 99.999…∞…9의 산이들은 그저 톨이 아닌 결로 이 한뉘에 굽이치고 있다고 보는 게 옳다. 굽이치면서 이 우주의 기상도를 그리고 있다. 우주의 한숨 소리, 한빔太虛, 그 안에서 일어나는 크고 작은 결들의 뭉침과 흩어짐, 그 곳과 골, 이것이 모두다. 이제 사람산이들 모두 마음 놓고 두

려움 떨치고 함께 놀 길을 찾는 게 어떨까?

17

인류가 빚어낸 도시 문명

모든 도시는 바벨탑을 쌓는다. 흰개미들이 개미집을 짓는 거나 마찬가지다. 다만 흰개미와는 달리 사람은 다른 사람의 피를 빨아 그 피로 제 살길을 찾는 괴물들을 만들어 냈는데, 그것이 바로 도시 거주자들이다. 도시인의 가장 두드러진 특성은 그들이 기생충이라는 것이다. 도시의 위계질서에서 맨 꼭대기에 있거나 맨 밑바닥에 깔려 있거나 기생충이란 특성은 바뀌지 않는다. 사람도 다른 숨 쉬는 산이들과 마찬가지로 먹지 않으면 살 수 없다. 그런데 도시 안에는 논밭이 없다. 둘레에 있는 시골에서 먹을 것을 가져와야 한다. 공정거래를 통해서? 천만에! 도시는 시골 사람에게 내줄 것이 없다. 힘으로 빼앗아 가는 것이다. 우리는 그것을 약탈이나 착취라고 부른다.

모든 도시는 군대나 경찰 같은 폭력 기구를 두는데, 그것은 방어를 위한 기구가 아니다. 억압과 살육을 통한 약탈과 착취 기구다. 도시가 커지고 도시인이 늘어나면서 약탈과 착취의 범위도 넓어진다. 그것이 얼마나 늘어나는지는 이미 인류 역사가 증명하고 있다. 요즘 들어서는 초국적 금융자본이 밤낮을 가리지 않고 빛의 속도로 전 세계에 문어발을 늘이고 그 빨판으로 닥치는 대로 약탈을 일삼고 있다. 문명사회에 들어서서 달라지지 않았느냐고? 농업인은 먹을 것을 직접 생산하지만, 그 밖의 것들 이를테면 옷과 집 같은 생필품은 도시 노동자가 생산해 내고, 농업인들이 논밭을 갈거나 고기를 잡을 때 쓰는 도구들은 도시 문명의 산물이 아니냐고? 그렇다. 20세기에 들어 일방적 약탈은 완화되었다고 볼 수도 있다. 그러나 도시 빈민과 노동자들이 당하는 억압과 착취는 어떻게 설명할 수 있는가? 그리고 기생충 가운데 피착취자에 속하는 사람들이 생산하는 것들 가운데 쓰레기가 되지 않는 것이 몇이나 되는가? 인간은 도시화되면서 이 지구상에 삭지 않는 쓰레기를 남기는 유일한 생명체가 되었다. 이것 한 가지만으로도 인류는 저주받아 마땅하다.

힘없는 사람들에게 무슨 죄가 있느냐고? 힘없다는 것만으로는 땅별을 망가뜨리는 죄에서 벗어날 수 없다. 힘이 없으면 길러야지. 길러서 저 가증스러운 괴물들과 맞서야지. 그것들이 사탕 발라 뿌리는 떡고물에서 고개를 돌려야지.

18

필연에 맞서는 우연의 힘

사람이 사는 땅별 같은 중간 세계에서는 뭇산이먹고 숨 쉬는 것들 가운데 하루살이의 목숨이 가장 짧은 것으로 여겨지지만, 뭇 별누리에는 이보다 수명이 훨씬 더 짧아 하루살이보다 몇백 배, 몇천 배 더 작은 몸뚱이에 쌓아놓은 기름을 벌새의 날갯짓보다 더 빠른 숨길로 태워 버리고 순식간에 스러져 버리는 생명체가 있을지 모른다. 지구라는 행성은 몸꼴을 갖춘 생명체들의 온갖 죽살이 실험이 이루어지는 거대한 생명 실험실로 볼 수 있다. 이 실험실의 운영자는 누구일까?

해서는 안 되는 일도 있지만 아무리 하려고 애써도 안 되는 일도 있다. 플라톤의 표현에 따르면 이 설득되지 않는 힘, 끝끝내는 강제에서도 벗어나는 힘, 이 힘을 아리스토텔레스는 순수 형상에 맞서는 순수 질료로 보았다. 서로 도와 하나의 흐름으로 이어져야 할 두 가닥 힘이 어느 순간 꼬이고 뭉쳐 단단한 마디가 되어 몸꼴을 이룬다. 함과 됨 어느 쪽에서 흔들어도 이 몸꼴은 흐트러지지 않는다. 그 꼴을 오래 지니게 되면 그 꼴은 버릴 수 없는 애착의 대상으로 바뀐다. 관성, 타성, 강력, 약력, 전자기력, 중력, 기억력, 정보력…… 때에 따라 다른 이름으로 불리지만 꼬인 마디에 붙은 이 딱지는 이 우주의 이른바 물리현상을 밝히는 데 도움이 되기 때문에 그 딱지에 버금하는 무엇인가 있는 것으로 착각을 불러일으킨다.

플라톤의 대화록《티마이오스》와 데모크리토스와 에피쿠로스를 거쳐 루크레티우스에서 마무리되는《사물의 본성에 대하여 De Rerum Natura》는 물질에 바탕을 두고 이 우주의 생성을 다루려는 서양 과학의 영원한 영감의 원천이다. 이들이 뒤늦게 알게 된 불교의 세계관, 노자와 장자에서 비롯된 도교의 세계관, 그리고 오랜 숙성 끝에 주자학으로 귀결되는 신유학의 세계관은 닐스 보어의 관심을 끌기는 했으나 물질적 세계관을 뒷받침한다고 볼 수 없었기에 오랫동안 무시당하고 냉대를 받았다. 설득되지도, 강제로 체제 안에 끌어들일 수도 없었고, 뜻하지 않은 곳에서 뜻하지 않은 때 빗나가는 '어긋나는 힘', 이 자유의지에 따른, 뜻대로 안 되는 힘은 플라톤의 우주 제작자 데미우르고스 Demiurgos도 어쩔 수 없었고, 나중에 기독교의 신으로 떠

받들리는 아리스토텔레스의 순수 형상도 손쓸 길이 없었다. 따라서 필연에 맞서는 우연 또는 자유의지는 이 우주에 변화를 일으키고 우주를 교란시키는 통제 불가능한 힘이다.

현대물리학, 그리고 그것에 바탕을 둔 화학, 분자생물학 같은 물질과학, 생명과학은 한결같이 톨에 바탕을 둔 과학이다. 시각을 궁극적 증인이라고 보는 과학 신봉자들은 어떤 수단을 써서라도 모두 톨로 이루어진 세계의 바탕이 되는 톨을 찾으려고 애를 쓴다. 그들은 결의 흐름조차 시각화한다. 그것이 이미 지나간 궤적에 지나지 않는다는 것을 알지만 과거를 끊임없이 현재화한다. 그들은 위성의 궤도를 추적하고 있다고 한다. 그들의 눈에 들어오는 것은, 어떤 것은 몇억, 몇십억 광년의 과거사이지만 그것이 현재 그들의 눈앞에 펼쳐져 있다는 까닭만으로 그들은 현재의 우주를 그 과거의 흔적들로 재구성하면서 그것이 한뉘우주의 참모습진상이라고 우긴다.

생명의 근원에 대해서도 마찬가지다. 그들의 잣대에 새겨진 생명의 역사만 하더라도 수십억 년이 넘는다. 수백, 수천억 광년을 넘나드는 우주적 시간(이것을 그들은 큰펑빅뱅 이론을 들먹이면서 고무줄처럼 제멋대로 늘였다 줄였다 할 수 있는 것으로 본다)은 그들에게는 미궁이다. 생명의 역사는 우주 창조의 역사, 수없이 새로 빚어지는 새로운 우주 창조의 역사와 한 묶음인데, 그들은 톨의 관점에 서 있기 때문에 물질 이후의 현상으로 간주한다. 그들의 관점을 받아들이더라도 유기체의 기억으로 전수되는 유전자를 통한 매개 고리는 여전히 미궁이다.

먹고 싸고 숨 쉬는 일부 생명체의 숨통을 옥죄는 코로나-19 바이러스의 정체는 지금 이 순간에도 끊임없이 모습을 바꾸고 있다. 먹고 싸고 숨 쉬는, 개체로 분화된 생명체가 생명체를 대표하는 개체들이라고 볼 근거가 어디 있는가? 바이러스들의 유전자 바꿔치기는 어떻게 설명할 수 있는가? 먹고 싸지 않아도, 숨 쉬지 않고 다른 생명체와 맞서거나 경쟁하지 않고도 수억, 수십억, 수백억, 수천억의 세월 동안 살아남을 수 있다는 이 삶의 힘을 무엇에 기대 설명할 수 있는가?

나는 자연과학자가 아니다. 인문학자도 아니다. 철학 공부도 제대로 하지 못한 얼치기 철학도이자 무늬만 농사꾼이기도 하다. 대학교수 때 어쩌다 받았던 연구비도 연구 성과를 내지 못해 도로 반납했을 만큼 허술한 연구자이기도 했다. 그러나 인민의 세금을 연구비 명목으로 받아 터무니없는 짓을 연구 성과로 포장하여 기만을 일삼는 자들의 행태를 두고 볼 수 없어서 우주의 역사에서 최초로 쓰레기를 양산하는 이 지식 쓰레기 무리들을 내가 탈을 쓰고 있는 '사람'의 이름으로 고발한다 (그 피고 가운데는 당연히 나도 끼어 있다). 이 우주의 역사는 아직

끝나지 않았다. 내 살아생전에 끝날 것 같지도 않다. 나를 지키고 이것저것 시키는 거시기머시기는 우주의 제작자도 운영자도 아닌 듯싶지만, 이 《철학자가 본 우주의 역사》 기록자 노릇을 하라고 부추기고 있음에는 틀림없다.

19

형이상학으로 본 우주의 역사

내가 우주의 역사에 눈길을 돌린 것은 알맹이가 없기 때문이다. 생각해 봐라. 태양의 역사, 화성의 역사, 플레이아데스 성좌의 역사, 별똥별의 역사. 잡히는 게 무엇이 있는가? 없다. 없는 알맹이를 너스레로 채우는 일. 마음 가는 대로 제멋대로 씨부리고 책임지지 않는 것, 이것이 내가 《철학자가 본 우주의 역사》를 쓰는 까닭이다. '큰펑 빅뱅'을 뇌까리는 뺑쟁이도 있는데, 그 한마디에 수백, 수천의 논문과 책이 나오는데, 나라고 우주의 역사를 못 쓰라는 법이 어디 있겠는가? 알맹이가 있으면 뺑치기가 어려워진다. 이를테면 지질의 역사, 생명의 역사, 인류의 역사, 진화의 역사, 역사의 역사를 쓰려면 여기에는 주어진 것 정보, data이 산더미처럼 쌓였기 때문에 물질의 역사나 천체의 역사만큼 만만치 않다. 공간의 역사나 시간의 역사는 우주의 역사만큼 빈 구석이 많지 않다. 차 있는 그릇을 비우는 게 더 쉬운가, 비어 있는 그릇을 채우는 게 더 쉬운가는 경우에 따라 다르다. 가장 작은 것에서 가장 큰 것에 이르기까지 하나도 빠뜨리지 않고 그릇에 담는 게 형이상학이라면 난 그 형이상학의 오래된 전통에 따라 쿼크(아직까지 발견된 가장 작은 입자)에서 한뉘우주까지 두루 살펴야 할 책무가 있다. 누가 나에게 형이상학자가 되라고 강요한 적은 없지만 나는 오래전부터 형이상학을 가장 높이 치는 자칭 철학도이기 때문이다.

우주의 역사는 빈구석투성이이기 때문에 울타리 없는 벌판 같아서 어디서든 발길 닿는 대로 들어갈 수 있다. 들어가는 길이 따로 없으면 나오는 길도 따로 없다. '있는 것이 없다'는 말은 하나도 없다는 말이고 이 말은 '아예 없다절대무, 絶對無'는 것을 가리키는 말이다. 거꾸로 말하면 이 말은 '절대무만 있다일체개공, 一切皆空'는 말이기도 하다. 모두 비어 있다. 있다고 여겨지는 것은 그리매환영뿐이다. 다른 한편으로 '없는 것이 없다'는 말은 '다 있다'는 말이고 '다'라는 말은 그 안에 '여럿'을 감추고 있는 말이므로 만일에 '다'가 있다면, 그리고 그 '다'의 가장 적은 수가 '둘(2)'이라면, 그리고 '있는 것'이 하나라면, 없는 것도 있다고 보아야 둘이 생겨날 수 있으므로 '없는 것이 있다'는 것을 받아들여야 한다. 그러나 '없는 것이 있다'는 말을 바꿔 말하면 '빠진 것이 있다'는 말이고, 빠진 것은 통째로 빠지는 것이 아니라 때와 자리에 따라 '빠진 것결핍 존재'은 헤아릴 수 없이 작게무한소에서 헤아릴 수 없이 크게무한대에 이르기까지 정도degree의 차이를 두고 빠지므로, '있는 것'은 '하나'이지만 '없는 것'은 무한한 '여럿'으로 갈라질 수 있다. 우리는 빠진 것으로 없는 것을 빔空으로 보고 그 빔의 절댓값을 공간space이라 이른다. 그리고 빠짐을 한꺼번에 뭉텅 빠지는 것으로 보지 않고 차례차례 연이어 빠지는 것으로 볼 때, 그 빠짐 또는 채워짐의 과정을 시간time이라 이른다. 하나도 없이 모두 빠진 절대공간은 우리에게 '정지멈춤'의 관념을 불러일으킨다. 뉴턴이 이야기하는 절대공간과 멈춤의 개념은 이렇게 형성된다.

있는 것이 차례로 빠져 없는 것에 맞닿거나, 없는 것이 연이어 채워져 있는 것에 맞닿거나, 두 줄기의 흐름이 마주쳐 결고 꼬이는 마디에서 일시적이고 위태로운 균형이 이루어질 때, 우리가 물리현상이나 생명현상으로 부르는 결절점이 생겨나는데, 꼴과 소리, 그 밖에 우리의 오관(오감을 일으키는 다섯 감각기관)에 와닿는 (덧붙여 직관으로 파악되는) 모든 현상이 파노라마처럼 펼쳐진다. 시공 연속체란 말은 절대적 멈춤정지도, 절대적 움직임운동도 없다는 말이다. 다시 말해 시간도 공간도 실체로는 없다는 말이다. 그렇다면 남는 건 무엇인가? 일체유심조?

creatio ex nihilo(라틴어로 무로부터 창조)? 마음 내키는 대로 아무 짓이나 하는 하나님? 조물주?

20

우연과 자유

《되풀이됨 repetition과 다름 difference》, 이것은 질 들뢰즈가 쓴 책의 제목이기도 하다. 나는 이 두꺼운 책을 앞부분만 조금 읽다가 말았다. 되풀이는 기억의 최소 근거다. 있는 것은 없는 것에 둘러싸여 있으면서 되풀이해서 저됨자기동일성을 드러낸다. 그것은 저기에도 없고 거기에도 없을지 모르나, 그리고 어제과거-지난날에도 아제미래-올날에도 없을지 모르나 '여기 이제' 있다. 여기는 거기, 저기와 함께 공간 개념이다. 그리고 이제는 어제와 아제아직와 함께 시간 개념이다. '여기 있다'는 있는 것이 되풀이되어 나타난다는 것을 뜻한다. 이런 뜻에서 '여기'라는 자리공간는 붙박이고정된 것로 드러난다. 그런 뜻에서 뉴턴이 말한 절대공간은 정지된 극점으로서는 흔들림이 없다. 이것은 '이데아는 허무에 둘러싸여 있다'는 내 스승 철학자 박홍규 선생님 말에서도 엿볼 수 있다. 이 논의에는 파르메니데스가 말한 함축이 숨어 있다. 다시 말해서 없는 것은 그 자체의 규정상 없으므로 있는 것만 있고, 있는 것을 여럿으로 가르는 없는 것이 사이에 들어 있지 않으므로 '하나'로 있다는 것이다. 따라서 공간빔, 없는 것, 허무은 없다. 여럿이 있으려면, 있는 것이 이것저것으로 나누어지려면, 그 사이에 공간빔, 없음이 끼어들어야 한다. 그리고 있는 것은 여기에만 아니라 저기에도 있어야 하고 거기에도 있어야 한다(되풀이되어 나타나야 한다). 여기저기서 되풀이되어 나타나는 것이 기억의 근거가 된다(따라서 정지된 공간은 기억의 근거가 된다).

뉴턴은 기억 속의 이제현재로 드러나는 시간에도 절대성을 부여했다. 파르메니데스와 제논의 생각을 이어받아 아우구스티누스는 과거는 이미 없는 것으로, 미래는 아직 없는 것으로 못박아, 있는 것은 이제현재뿐이므로 '하나'님이 있는 곳에는 없는 것이 없으므로(아우구스티누스는 '없는 것이 없다'는 말을 '이것도 있고 저것도 있고 다 있다'는 말로 받아들이지 않았다.) 없는 것허무은 피조물의 특성이라고 보았다. 하나님이 없는 것nihil에서 우리의 오관눈, 귀, 코, 혀, 몸으로 받아들이는 빛, 소리, 냄새, 맛, 닿음들을 모두 덧없는 것으로 여겼다. 다시 말해 시간에 따라 달라지는 바뀜은 실체가 없는 허상으로 보았다.

원자론자들의 전통에 따라 더는 쪼갤 수 없는 가장 작은 것 atoma이 바뀌지 않는 불변의 유일한 있는 것 실체이고 이것이 공간 속에서 끊임없이 이합집산(떨어지고 한데 뭉치고 모이고 흩어짐)하여 우리의 감각 기관에 와닿는 현상계를 낳은 것이라고 해 보자. 그렇다면, 기억은 원자 가장 작은 톨로 있는 것와 공간 끝없이 펼쳐진 자리로 있는 것의 산물이고 끊임없이 빗나가는 움직임 clinamen(이것은 우연에 따르는 바뀜이고 여기에 기대 이것저것의 차이가 빚어진다)은 이미 있는 기억을 지우는 지우개 역할을 한다.

기억의 원초적 근거로서 가장 작은 톨과 그 톨이 차지하는 자리와 그것들이 움직이는 빈틈으로서의 빔이 주어지면, 그것만이 불변하는 주어진 것 data이고 나머지는 모두 우연에 따라(이 말은 '자유의지에 따라'라는 말로 바꾸어도 된다) 생겨나는 차이로 볼 수 있다. 다시 말해 물리력이나 생명력이나 모두 우연의 산물이고 이 힘을 움직이는 필연의 법칙은 없다는 말이다. 반복이 기억의 보존이고 차이가 기억의 무화 또는 변화라면, 다시 모든 논의는 있음과 없음, 함과 됨으로 되돌아간다. 이른바 공간에서 이른바 시간에 따라 움직이는 모든 것들은 그것이 물질의 형태를 띠고 있든, 생명의 형태를 띠고 있든 가리지 않고 그 안에서 저됨 자기동일성을 지키고 그것을 기억에 근거로 삼으면서 변화하고 서로 남이 된다 타자화한다. 우리는 아직까지 생명

현상이 함과 됨이라는 있는 것과 없는 것이 지닌 두 힘이 지닌 원초적 특성인지, 아니면 물질 현상에서 어쩌다 우발적으로 생겨난 파생물인지 아직 가늠할 수 없다. 나는 겉보기에 물질현상과 생명현상은 판이하게 두드러지게 다른 것으로 여겨지고 그렇게 다루어지지만, 저마다 다른 꼴을 지닌 같은 '동일한 하나의' 현상의 다른 이름이라고 본다.

많은 이들이 생명현상의 특성으로 유전인자와 기억을 든다. 생명체는 저마다 다른 삶의 경험을 갖고 그 기억을 단성생식 또는 양성생식을 통하여 씨앗이나 그 밖의 형태로 후세에 전하여 같은 꼴이나 비슷한 꼴을 지닌 것들을 빚어낸다는 것이다. 그리고 그 차이는 시간에 따라 바뀌는 여러 요인(이를테면 환경이나 높고 낮거나, 세거나 여린 여러 힘들의 간섭이나 뒤섞임)에 의하여 생겨난다는 것이다. 그러나 나는 이러한 이론들을 믿을 수 없다. 무엇이 왜 어떻게 유전되는지, 그리고 무엇이 왜 어떻게 유전되지 않거나 유전되는 과정에서 돌연변이가 일어나는지는 아직도 미궁이다. 단성생식을 하는 것으로 짐작되는 생명과 물질의 중간 단계로 여겨지는 박테리아나 바이러스의 경우에 세포융합이나 다른 과정을 거치지 않고도, 심지어는 숨을 쉬거나 먹이를 찾거나 증식을 통해서 몸집을 불리지 않고도 제 모습 그대로 수백만 년 동안 살아남거나 겉모습만 바꾸어 다른 변종으로 바뀌기도 한다. 어떤 사람들은 이것을 손쉬운 유전자 교환이나 기억의 공유가 그 원인이라고 보기도 한다.

'하모니아'(harmonia)를 탐구하고 인위적으로 조율하는 사람들은 일정한 수학적 비례만 주어지면 소리를 꼴로, 꼴을 소리로 바꿀 수 있음을 실증적으로 증명해 냈다. 이때 꼴이나 소리에 깃든 것은 그 꼴이나 소리가 물질에서 빚어진 것이나 생명체에 깃들어 있던 것이나 가리지 않고, 있는 것에서 또는 없는 것에서 나오는 결파동, wave로서의 힘, 다시 말해서 함과 됨의 가락이다. 이것이 저것과 다른 것, 이 소리와 저 소리의 차이, 이 꼴과 저 꼴의 다름은 이것에 있는 어떤 것이 저것에는 없고, 이것에 없는 어떤 것이 저것에는 있다는 것을 일컫는다. 다른 말로 하면 결핍빠진 것으로서의 없는 것이 차이를 낳는다. 있는 것은 하나이므로 맨 처음 여럿은 없는 것일 수밖에 없고, 빠짐의 시간적, 공간적 배치에 따라, 다시 말해 언제 어디에서 얼마만큼의 빠짐이 생겨났는지에 따라 우주의 역사에서 삼라만상의 차이가 생겨난다. 고른 마루완벽한 대칭는 평면에서는 동그라미원가, 입체에서는 구슬구이 대표한다. 그 밖의 다양한 대칭은 이른바 물질의 수준에서나 생명체의 수준에서나 빠짐결핍이나 빼냄소거에서 생겨난다. 이른바 쿼크의 운동에서 드러나는 현상, 이름하여 업 쿼크, 다운 쿼크, 톱 쿼크, 보텀 쿼크 같은 것은 이 맞서는 힘, 입자의 대칭, 결의 높낮이 흐름을 가리키는 말로 옮겨도 된다. 이 양자들의 움직임은 가늠할 수 없이 빨라서 요동으로 불릴 뿐, 이 움직임에서 어떤 질서도 찾아보기 힘들다는 것이 이 이론을 내세우는 이들의 이른바 정설이다. 물론 나는 이 요설들을 어떤 증거를 들이대더라도 증거 불충분으로 보아 믿지 않는다.

이 우주는 가장 작은 것에서 가장 큰 것에 이르기까지 여러 가지 대칭군들로 이루어져 있다. 이 대칭에는 점대칭, 선대칭, 면대칭, 입체 대칭 같은 기하학적 대칭도 있고, 곤충의 날개나 사람의 팔다리 같은 좌우 대칭도 있고, 추상적인 공간 대칭이나 시간 대칭도 있다. 성운이나 성좌에서 볼 수 있는 맴돌이, 휘돌이, 감돌이 대칭도 있고, 여러 결들이 보여 주는 힘의 대칭도 있다. 그 가운데 음과 양의 대칭, 있음과 없음의 대칭, 함과 됨의 대칭 같은 것은 형이상학적 대칭군들이다. 이 대칭군들을 눈여겨보아야 할 까닭은 우리가 어떤 현상에서든 이 대칭을 찾지 않고는 법칙을 찾아보기 힘들기 때문이다. 이른바 진화의 법칙도 대칭군들의 변화에 일정한 질서가 있다는 가정을 깔고 있다. 모든 대칭을 형이상학에 바탕을 둔 추상적 대칭에서 연역하는 일은 쉬워 보이지만 쉽지도 않고 바람직한 일도 아니다. 여러 힘들 사이에 끌고 당기는, 밀고 밀치는 함과 됨의 대칭을 제대로 짚어내는 일은 필요하지만, 아직 제대로 밝혀져 있지 않다. 《철학자가 본 우주의 역사》에서 이미 주어진 것data, 정보, 기억, 유전, 이러저러한 과학적 성과보다 아직 주어지지 않은, 그러나 주어질지도 모르는 것(다투라datura로 부르자), 사랑, 상상력, 우연과 자유의 선물이 더 소중한 까닭이다.

철학자가 본

우주의 역사

2부

우주의 역사는 기억의 역사다.
시간과 공간은 우연의 산물이다.
시간과 공간은 정보 교환과 소통의 한 형식이다.

온 누리가 삶의 터이자 흐름이고,
크건 작건 모든 흐름은 이어져 있다.

믿음이 사랑으로 이어지는 삶의 고리가 든든할 때,
우리는 우주의 역사에 대한
새로운 전망을 갖게 될 것이다.

21

시간과 공간

좋아하는 사람과 노닥거릴 때 흘러가는 시간과 이앓이가 심할 때 치과에 가서 차례를 기다릴 때 흐르는 시간은 다르다. 이것을 개별 심리학적 시간이라고 부르자. 사회심리학적 시간도 세상이 평온할 때 흐르는 시간과 격동기의 시간은 다르다. 공간도 마찬가지다. 개별적으로, 사회적으로 편한 공간과 불편한 공간이 따로 있다. 우주적 시간과 공간도 다를 바 없다. 나는 이른바 과학자들 특히 현대물리학자들이 들먹이는 시간과 공간 개념은 그들의 머리에서 생겨난 우주 심리학적 시공간이라고 부르고 싶다. 시간과 공간처럼 정체가 불분명한 것은 없다. 우리가 흔히 자연의 시공간이라고 부르는 것은 이 땅별에서 겪는 철의 바뀜이나 자리의 다름을 일컫는 것이다.

그런데 이 땅별은 한뉘우주의 크기에 견주면 얼마나 작은가?

그야말로 티끌의 티끌의 바늘 끝에 얹힌 티끌보다 더 작다. 그리고 거기에서 일어나는 바뀜흐름으로서 시간과 자리로서 공간은 있으나 마나 한 것이 된다. 오죽하면 '있는 것은 하나로 있다'는 스승 파르메니데스의 논리를 철석같이 믿은 그 제자 제논은 아무도 반박할 수 없는 치밀한 논증을 통해서 '시간이나 공간? 그딴 거 없어!'라고 잘라 말했을까. 이 논증을 깨려고 플라톤과 아리스토텔레스 이래 베르그송이나 러셀에 이르기까지 많은 이들이 애를 써 왔지만, 내가 보기에 어떤 이론도 이 주장을 명쾌하게 깨뜨린 것 같지 않다.

아인슈타인의 시공 연속체 이론, 큰펑빅뱅 이후의 시공 탄생설, 한때 나도 솔깃해졌던 이 이론들도 따지고 보면 우주 심리학적 가설에 지나지 않는다. 이 가설들을 뒷받침하는 실증적 증거가 있다고 떠들어 대지만 내 생각으로는 호들갑에 지나지 않는다. 단언컨대 그때까지 인간종이 살아남을 수 있다면 이 세기가 지나기 전에 이 모든 가설은 지난 시절의 풍문으로 치부될 것이다. 모든 이어진 것은 딱지 붙이기를 받아들이지 않는다. 모든 흐름은 이어져 있다. 움직인다는 것, 바뀐다는 것은 이어져 있다는 것의 다른 이름이고 의식의 칼날로 아무리 잘라 내더라도 이 흐름은 멈추지 않는다. 내가 톨의 과학을 시원찮게 여기고 결의 철학을 더 높이 치는 까닭이다.

22

인간 정신에서 일어나는 혼돈

우주에 무한히 깔린 천체의 관점에서 보면 이 땅별은 초미세먼지에 지나지 않고 그 안에 무리 지어 사는 인간종은 초미세먼지 가운데 극미세입자에 지나지 않는다. 요즘 물리학 이론에서도 밝혀지듯이 톨입자의 크기가 작으면 작을수록 그들 사이에는 요동이 일어난다. 다시 말해 무질서가 극대화된다는 말이다. 이 점에서 플라톤의 우주론(《티마이오스》편)은 상징적으로 정곡을 찔렀다고 볼 수 있다. 플라톤에 따르면 우주 제작자데미우르고스는 이데아를 본떠서 이 우주의 밖을 두르는 '같음'의 띠에는 항성들을 박아 놓고, 안을 두르는 '다름'의 띠에는 행성들을 배치했는데, '같음'이라는 부동의 질서에서 가장 먼 '다름'의 영역에는 땅별지구을 놓았다. 그렇게 해서 이 땅별은 그야말로 혼돈카오스이 지배하는 곳이 되고 그 안에서 살아 움직이는 모든 생명체는 본성상 그 행태에서 무질서한 동작을 보일 수밖에 없다. 그 가운데서도 가장 작은 영역 안에서 가상 빨리 움직이는 인간 두뇌에서 어떤 혼란이 빚어질지는 불문가지다.

고대 원자론자들의 이론을 집대성한 루크레티우스의 이론도 크게 다르지 않다. 무한히 작은 입자들이 무한히 깔려 있는 무한히 넓은 이 우주 공간에 마치 비처럼 ut imbris guttae 수직 하강 운동(그 까닭은 따로 밝히지 않는다)을 하는 원자들은 불확정한 시간에 불확실한 공간에서 비스듬한 경사 운동 clinamen을 하게 되고 그렇게 해서 상호 충돌하는 원자들이 얽히고설켜서 이 우주의 삼라만상이 빚어진 것으로 본다. 그러니까 독립 원자들이 우연한 시공에서 우발적인 요동을 일으킨다는 것인데, 이것도 입자들의 본성에 속한다. 다시 말해서 거시적 질서는 미시적 무질서의 산물에 지나지 않는 것이다. 또 다시 말해서 거시적 질서와 미시적 무질서는 본성상 같은 '역학 작용 힘'의 산물이다. 이렇게 해서 우연과 필연은 하나가 된다. 이런 일을 어떻게 봐야 할까? 이것이 호모사피엔스라는 최신종 인류가 머리를 굴려 내놓은 이론의 진수다. 다우주 이론, 큰펑 빅뱅 이론…… 이 모두가 인간 두뇌에서 일어나는 혼돈이 빚어내는 요동에 지나지 않는다고 하면 조금 심한 말인가?

23

사랑의 힘

헤아릴 수 없이 많은 흔들림, 곧 흐름을 우리는 시간이라는 짧은 말로 일컫는다. 이 시간의 갈래는 크게는 우주적 시간, 지질학적 연대, 생명의 역사 같은 말로 불리는 것도 있고, 양자 요동, 기억 회로, 찰나 같은 말로 잘게 쪼개 부르기도 한다. 움직이는 힘, 움직이게 하는 힘이 흐름을 이루는데, 이 힘은 들기도 하고 힘들다, 나기도 한다 힘난다. 안과 밖, 받아들이는 힘 수동과 하는 힘 능동은 한쪽으로만 흐르지는 않는다. 크게 보아 두 흐름이 뒤섞여 높낮이를 이루기도 하고 뭉쳐서 마디를 이루기도 한다. 사랑과 미움, 음이온과 양이온, 암수 같은 표현은 이러한 움직임을 단순화하고 추상해서 부르는 이름이다. 이 가운데 논리학에서 이르는 최고의 유개념은 '있음'과 '없음'이다. 우주, 지질, 생명을 포괄하는 흐름, 혼돈과 질서, 우연과 필연, 자유와 통제로 드러나는 시계열은 저마다 다른 듯이 보여도 크게는 질서로 드러나는 작은 무질서의 조합이라서 하나의 줄기에서 뻗어 나는 가지, 큰 핏줄에서 갈라지는 작은 핏줄에 이어지는 실핏줄과 마찬가지로 서로 이어져 있다. 그래서 저마다 다른 자리에서 다른 삶을 사는 듯 보이는 톨로 이루어진 것들은 알고 보면 커다란 흐름 속의 곁가지일 뿐이다.

사람에 따라 큰 흐름이 한데 모이고 퍼져 나가는 염통 같은 어떤 것을 일컬어 빛과 생명으로 부르기도 하고 삶과 사랑으로 이르기도 하고 유일신이나 한빔태허 또는 진공으로 믿기도 하나, 절대 정지의 지점에서 벗어나고 보면 힘의 두 갈래가 보일 뿐이다. 그 가운데 사람 꼴을 지닌 생명체가 남다르게 여기는 것은 '사랑의 힘'이다. 사랑하는 때, 사랑이 이루어지는 때는 나와 한누리가 하나가 되는 때이고 몇억, 몇십억, 몇백억으로 길게 늘어지는 광년 단위도 하나의 찰나로 줄어든다. 음과 양, 암과 수, 빛과 어둠이 하나로 말리는 이때를 예부터 오늘까지 사람들은 갖가지 이름으로 불렀다. 어찌 보면 큰펑빅뱅은 하나로 뭉쳐 있던 사랑의 힘이 깨지는 찰나로 볼 수 있다. 서로가 서로에게서 멀어지는 때. 남과 북을 가리키는 자석을 자르고 또 잘라도 에스S극과 엔N극은 그대로 남아 있으나 어느 크기 아래가 되면 암수, 음양의 갈림이 없어지고 그 흐름이 이른바 질서에서 벗어나 혼돈과 무질서 속에서 그 안에서 어떤 규칙성도 찾아볼 수 없는 우연 또는 절대 자유 또는 언어도단이 이루어지는 바로 그때.

24

기억의 역사

두 번 넘게 되풀이되지 않는 일에는 기억이 생기지 않는다. 우리는 한 번으로 그치는 일을 혼돈카오스라고 부른다. 기억은 마무리된 일, 도려낸 꼴이라고 해도 좋고 높낮이가 갖추어진 소리라고 해도 좋다. 그 가운데는 동그라미를 그리는 손놀림도 있는데 연필을 쥔 아이들은 그 고사리 같은 손으로 동그라미를 그리는 데 얼마나 애를 먹는가. 이렇게 반복repetition하는 데에서 기억이 생겨난다. 기억은 우주적이다. 질서 있는 우주cosmos는 기억과 함께 생겨난다. 동그라미를 그리면서 움직이는 것은 제자리에서 맴도는 것으로 여겨지는 원운동이나, 움직이는 공간이 커지면서 또는 작아지면서 도는 나선운동이나 가릴 것 없이 되풀이되면서 기억을 만들어 낸다(제 궤도를 벗어나지 않는다는 것은 그 궤도를 기억한다는 말과 같다).

이른바 물질 운동은 작게는 전자의 운동에서부터 크게는 우주의 순환에 이르기까지 기억으로 점철되어 있다. 두 번 넘게 되풀이되는 움직임은 둘로 갈라진 것이나 마찬가지로 법칙을 만들어 낸다(모든 여럿으로 이루어진 현상은 법칙에 따를 수밖에 없다). 우리가 양자 요동으로 부르는 것도, 다우주multiverse 이론도 그런 점에서 합법칙적이다. 기억은 산몸생명체에만 깃들어 있는 것이 아니다. 합법칙적 운동을 하는 모든 것에는 기억이 깃들어 있다. 기억에 의해서 수소H 둘은 산소O 하나와 결합하여 물을 만들고, 기억에 의해서 담배씨는 담배로 자라고, 불가사리는 불가사리로, 해파리는 해파리로 되풀이꼴을 빚는다.

이 기억의 나뉨분화은 저마다 결꼬임두 힘이 겯고 트는 마디에서 생겨나는데, 크면 큰 대로 작으면 작은 대로 이 결꼬임은 우리 오관에 와닿는 여러 형태로 드러난다. 우리는 이 결꼬임을 추상해서 때깔색, 소리성, 냄새향, 맛미, 닿음촉, 되풀이되는 흐름법 같은 것으로 불러 왔다. 이 흐름 가운데 사람의 머릿속에서 흐르면서 빚어지는 흐름을 우리는 의식의 흐름이라고 부르는데, 의식의 흐름 울타리를 벗어나는 무의식의 흐름은 훨씬 더 센 흐름으로 그 일부는 꿈으로 드러난다. 우주의 역사는 기억의 역사다.

25

믿음의 역사

되풀이되는 현상은 믿음을 낳는다. 물질현상과 마찬가지로 생명 현상도 믿음의 산물이다. 인간에게 봄, 여름, 가을, 겨울로 해마다 되풀이되는 철 바뀜계절의 순환은 자연계의 질서라는 믿음을 불러일으킨다. 그리고 이 믿음은 기억의 산물이다. 기억에 대한 믿음은 우리 감각기관에 와닿는 삼라만상에 깃들어 있다. 합법칙적인 운동은 기억의 산물인 동시에 믿음의 표출이기도 하다. 되풀이되는 힘함과 됨의 흐름은 기억을 만들어 내고 그 기억은 믿음을 낳았다. 톨꼴로 드러나는 모든 것에 깃들어 있는 이 기억과 믿음에 기대 합법칙성이 성립하는데, 이 거시적 현상의 밑바탕에는 자유로운 또는 우연한 미시적 운동이 깔려 있다.

시간과 공간은 우연의 산물이다. 이것은 다시 말해 함과 됨의 우발적 결합이 드러나는 마당이다. 우리는 우주적 시간과 공간, 지질학적 시공, 생명체의 변화나 미시적 물질세계에서 드러나는 힘의 작용과 반작용을 한 울타리 안에 체계적으로 계통적으로 담아낼 수 없다. 이제까지 생명현상과 물질현상을 달리 보려는 갖가지 시도가 있어 왔는데, 그것은 우연자유과 필연을 갈라 보려는 시도나, 원인과 결과를 나누어 보려는 이론적 도식과 마찬가지로 부질없는 짓이 되었다.

기억이 바뀌듯이 믿음도 항구적 뒷받침은 없다. 새로운 힘들의 마디를 이루는 새로운 흐름은 새로운 기억과 믿음을 낳는다. 사람들 사이에서 자유연상이나 창의력으로 불리는 현상은 시공을 가리지 않고 우주의 역사에서 보편적 현상으로 보아야 한다. '모든 것이 바뀐다Panta rhei, Πάντα ῥεῖ'는 믿음만이 바뀌지 않는다.

26

정보와 소통의 발달사

함과 됨, 빛과 그늘 사이에는 끊임없는 정보의 교환과 소통이 이루어진다. 그것이 우주의 역사에서 큰 몫을 한다. 시간과 공간은 이 정보 교환과 소통의 한 형식이다. 양자 교란의 단계를 거쳐 수소H가 생겨나고 헬륨He으로 바뀌고 더 큰 톨로 뭉치고, 성운, 성좌, 은하로 되기까지, 그리고 물리학에서 밝혀내고 있는 여러 힘(강력, 약력, 전자기력, 중력 따위)과 그 힘이 뭉쳐서 이루어지는 검은 몸흑체, black body, 검은 구멍블랙홀, black hole, 흰 구멍화이트홀, white hole, 벌레 구멍웜홀, worm hole 같은 딱지가 붙은 여러 현상은 모두 이른바 시간과 공간 속에서 이루어지는데, 이 때데한몸시공 연속체은 절대적인 것도 상대적인 것도 아니고 없는 것빔, void의 두 형식으로 보아야 한다. 밀치기척력와 끌어당기기인력는 이 두 가지 틀형식 안에서 이루어지는데, 끊임없이 바뀌는 이 틀은 때로는 양자 요동으로 나타나기도 하고 때로는 양전자와 음전자의 교환으로 드러나기도 하고 바이러스 수준에서 기억 나누기를 통한 닮은꼴 갖추기를 이루기도 한다.

있는 것존재의 관점에서 보면 없는 것 무은 '절대 타자 남, heteron'이지만 없는 것은 있는 것이 미치는 힘을 (그 수동성의 다양한 형식에 따라) 조각난 것으로 받아들이는 힘이므로 있는 것은 절대 타자에서 벗어나 상대화된다. 다시 말해 헤아릴 수 없이 많은 타자로 있는 것은 나뉠분화 수 있다. 이것은 힘에서나 덩치에서나 마찬가지다. 크기를 지닌 툴 공간화된 몸이나 흐름으로 이어지는 시계열을 이루는 운동에서 보이는 여러 규칙성이나 불규칙성은 없는 것 안에서 이루어지는 변화들인데, 이 바뀜의 회로는 제돌이자전, 남돌이공전, 감돌이응집, 휘돌이확산, 맴돌이평형운동 같은 여러 갈래가 있다. 우리는 흔히 기억은 인간을 포함한 뭇산이들의 이른바 유전 인자 속에서만 발견되는 것으로 여기고, 믿음은 그 가운데서도 인간의 고유한 속성으로 여기는 경향이 있는데, 기억과 믿음은 가장 작은 물질 단위에서도, 가장 큰 한뉘 단위에서도 생겨나는 것으로 보아야 한다.

정보와 소통의 발달은 마디마디에서 모두 꼼꼼히 살펴야 할 필요가 있다. 정보와 소통이 힘과 힘의 주고받음에서 이루어지고 이 힘의 가장 큰 갈래가 함과 됨이라면, 이 함과 됨은 가장 작은 단위로 여겨지는 양자 마디꼬임에서부터 확장되는 것으로 파악되는 한뉘또는 여러 뉘에서도 발견되는 힘의 움직임이다. 정보와 소통은 최초로 떨어져 있는 둘 사이에 이루어지는 것으로 보아야 하는데, 최초의 하나一者는 있는 것 또는 있는 힘이고, 최초의 여럿他者은 없는 것 또는 없는 힘일 수밖에 없다. 달리 말해 있음有의 힘으로서 놀음능동과 없음無의 힘으로서 놀림수동이 그것인데, 능동은 줌이고 수동은 받음이다.

그러나 주고받는 과정이 일방적이면 소통은 일방적일 수밖에 없다. 절대의 경지에서 있음과 없음 사이에는 소통이 이루어질 수 없다. 이 둘유무, 有無은 소통이라는 오감거래이 이루어질 수 없는 절대 정지 곧 두 끝을 가리키는 한계를 가리키고, 헤겔이 《논리학》에서 다룬 순수유das reine Sein와 순수무das reine Nichts에 해당하기 때문이다. 그렇다면 소통은 있는 것있는 힘과 없는 것없는 힘이 만나서 꼬이고 마디를 이루는, 그래서 이 톨과 저 톨이 생겨나고 그 톨들이 저마다 따로 떨어진 딴 몸상호 구별되는 개체의 자리위상를 차지할 때 이루어지는 것으로, 이때 가장 먼저 이루어지는 것은 여러 몸이 한 몸응집되거나 한 몸이 여러 몸으로 갈라지거나확산되거나 한 몸이 다른 한 몸과 팽팽히 맞서거나평형을 이루거나 하는 세 경우를 생각할 수 있다.

보기현상로는 저마다 감돌이, 휘돌이, 맴돌이로 나타나는, 그리고 그 사이에 저마다 다른 움직임이 끼어드는 이 힘들 사이의 결파동이 그러한 것으로 드러남을 정보의 주고받음, 곧 원초적 소통으로 자리매김하고(여기에는 강력도 약력도 전자기력도 중력도 포함된다) 이것을 물리적 소통이라 부르자. 만일에 물리적인 힘, 다시 말해 물질을 움직이는 힘이 살아 있는 힘생명력에 따르는부수되는 힘이라면, 그리고 유일신唯一神을 받드는 이들의 말마따나 생명은 하나님의 권능을 나타내고 피조물들은 무에서ex nihilo 생겨난 것에 지나지 않는다면, 여러 힘의 성격은 크게 달라진다. 기성 종교든 신흥 종교든 이렇게 굳어진 믿음들은 한쪽으로 제껴 놓고, 형이상학(현대 과학도 형이상학의 아류로 보아 이 범주에 포함시키자)의 관점에서 고찰하자면 이른바 물리력과 생명력의 거리는 동떨어져 있지 않다. 다시 말해 물체 사이의 정보 교환과 생명체 사이의 소통은 동뜬 것별개으로 놓을 수도 없고 놓아서도 안 된다는 말이다.

이어져 있는 것으로 보이는 결wave들이 어떻게 저마다 달리 떨어져 있는 톨particle들을 이룰 수 있을까에 대한 논의는 앞에서 여러 차례 이루어져 왔으므로 여기에서는 빼기생략하기로 하고, 저마다의 돌이맴돌이, 감돌이, 휘돌이에 대해서도 말을 아끼기로 하자. 문제는 이 돌이가 둥글레원꼴 움직임을 보이고 빛톨광양자과 그늘톨전자을 이루면서 번진다파동 운동을 보인다는 것인데, 이 이론에 따르면 한뉘우주의 움직임도 음양의 번갈아듬교차운동에서 벗어나지 않는다. 빛과 그늘로 이루어진 두 힘을 받아 생겨났다고 여겨지는 뭇산이들의 움직임도 크게 다를 바 없다. 흐름의 가장 큰 본보기는 천체의 회전, 계절의 순환, 지구나 다른 행성들의 자전과 공전들로 드러나는 돌이원운동다. 구슬꼴구형, 球形을 이루고 있는 물방울에서, 별들에서, 원자모형 같은 것에서 볼 수 있는 것도 완전 대칭이나 거의 완벽한 대칭을 보이고 있는 동그라미 꼴이다. 꼬리 무는 움직임을 보이는 이 돌이회전, 순환에는 어떤 신비한 힘이 숨어 있을까? 그리고 왜 이 둥글레 되풀이원형 반복가 정보 교환과 소통의 바탕꼴원형, 原型이 될까? 우리는 앞에서 〈하모니아〉를 보기로 들면서 질서 있는 소리의 움직임을 그 소리에 따라 움직이는(그 소리의 힘을 그림으로 바꾸는) 바늘 끝이 어떤 그림들로 그리는지 이미 이야기한 바가 있다. 소리와 그림(글도 그림의 하나다), 몸짓들이 정보 교환과 소통의 중요한 수단이라는 것은 따로 말할 필요가 없다. 되풀이반복, repetition되는 소리, 꼴, 몸놀림, 되돌이, 되돌림은 기억과 믿음의 본샘원천이기도 하다.

아직 남아 있는 뭇산이들 사이의 정보 교환과 의사소통, 그리고 특히 사람들 사이의 그것은 다음에 다루기로 하자. 짓시늉의태, 소리 흉내의성가 왜 짝을 이루는 되풀이말반복 언어, 이를테면 '비틀비틀', '삐악삐악' 같은 말로 표현되는지도 궁금하지 않은가?

27

톨, 덩이진 힘

감돌아 한데 뭉쳐 덩이가 된 힘은 톨에서만 발견되는 특성이 있다. 약력, 강력, 전자기력 들이 바로 그것인데, 이 힘들은 이 땅별과 같은 식어서 덩이진 톨에서만 찾아볼 수 있는 힘이다. 같은 덩이진 힘 사이에서 일어난다고 여겨지는 중력과는 이 점에서 다르다. 다시 말해서 이 지구상에서 발견되는 여러 원소들(멘델레예프가 줄 세운 주기율표 속에 나타나는 원자핵과 그 둘레를 감돈다고 밝혀진 전자들의 무리)이 보여 주는 힘들은 전자기력으로 뭉뚱그릴 수 있고, 철을 도체로 삼아 흐르는 음전하를 띤 작은 톨로 여겨지는 전자는 사실상 땅별 표면의 상공 250킬로미터부터 100킬로미터 안팎에서만 나타나는 힘의 흐름, 곧 결이다. 다시 말해서 원소, 그리고 그들의 뭉침결합을 일컫는 분자들이 없으면 전자들의 맴돌이나 감돌이나 휘돌이도 없는데, 이 현상을 관찰할 수 있는 힘은 사람의 두뇌와 그 두뇌의 신경을 조절하는 생명력인 피돌이에서 나온다. 사람의 피가 머리통을 적시지 않으면 전자도 원자도 원소도 분자도, 또 그 분자들의 결합에서 드러나는 온갖 모습의 낱몸개체들도 덧없는 그리매영상, 홀로그램에 지나지 않았을 것이다.

28

있음과 없음의 사이

있음과 없음은 때데시간과 공간가 엉켜 있는 이 한뉘우주의 두 끝이지만, 그래서 우주 안에 끼어들 수 없지만, 여기에서 벗어나면 있음은 있는 것이, 없음은 없는 것이 되고, 있는 것은 '인 것'이라고, 없는 것은 '안인 것아닌 것'이라고 불리게 된다. 있는 것과 없는 것을 갈라 주는 것은 그 사이에 든 '있는 것도 아니고 없는 것도 아닌 것'인데 이것은 둘이 다름을 드러내는 뜻에서 가리키는 무엇을 뜻하는 말이고, 둘 사이를 오가면서 이어 주는 어떤 것으로 보일 때는 있는 것이기도 하고 없는 것이기도 한 무엇인 것이다. 있는 것과 없는 것 사이에 든 이 무엇은 둘 사이를 가르면서 두 힘이 서로 마주쳐 여러모로 바뀌게 하는 맨 처음 움직이는 힘원동력 구실을 한다. 다시 말하면 있는 것과 없는 것이 맞부딪힐 때 얼핏 생각하면 없는 것은 받아들이는 그릇 노릇만 하고, 딱히 있는 것에 어떤 힘도 미치지 못할 듯 여겨져 순수 수동성만 지닌 어떤 것으로, 있는 것은 같은 하나의 힘으로 일방적으로 밀어붙이는 능동적 힘을 지닌 것으로 여겨지고 있지만, 한뉘 안에서 두 힘은 그렇게 단순하게 움직이지 않는다.

우리가 없는 것이라고 일컫는 것도 결이 저마다 다르다. 없는 것이라는 말을 쓸 자리에 우리는 흔히 빠진 것이라는 말을 쓰는데, 우리가 밖에 있는 무엇을 받아들여 느끼는 감각 기관만 두고 말하더라도 눈에 없는 것(보이지 않는 것, 시각에서 빠진 것), 귀에 없는 것(들리지 않는 것, 청각에서 빠진 것), 코에 없는 것(냄새 맡을 수 없는 것, 후각에서 빠진 것), 혀에, 닿음살갗에 없는 것들이 널려 있고, 어떤 갈래에 접어드는지에 따라 없는 것은 기하급수로 늘어나 나중에는 헤아릴 수 없는 것에까지 이르게 된다.

우리가 믿음직한 잣대로 여기는 수학이나 물리학이란 측정 도구는 어떤 자리에 멈추어 있을 것으로 여겨지는 톨입자, particle을 재는 데는 뛰어난 힘을 지닌 도구다. 그래서 아이작 뉴턴은 절대공간과 절대시간을 가정했고, 칸트는 인간 사유의 흔들리지 않는 범주로 그런 생각을 철학적으로 뒷받침했다. 그러나 수학이나 물리학이 다루는 있는 것은 빛에 기댄다. 다시 말해서 시각화할 수 있는 것만이(그것이 칠판을 가득 채우는 수식이 되었건, CERN[4]에서 떠받드는 입자가속기가 되었건) 있는 것으로 확인된다. 눈에서 벗어난 것은, 시각으로 파악돼 검증되지 않은 것은 그냥 없는 것이나 마찬가지다.

또 하나, 수학자나 물리학자들이 결파동, wave을 그렇게나 싫어하는 까닭은 그것이 공간화되지 않기 때문이다. 그래서 그들은 담대하게 끊임없이 바뀌고 흐르는 것의 대명사인 시간마저 공간화하는 이론을 펼친다. 이를테면 아인슈타인의 때데한몸spacetime continuum 같은 것이 그것이고, 이것은 $E=mc^2$으로 단순화된다. 여기에서 E는 에너지, 곧 힘을 가리키고 m은 덩이mass를 가리키고 c는 속도celeritas를 가리키는 말인데, 이 속도는 빛의 빠르기, 곧 광속이다. 그리고 빛은 질량이 0zero과 점point으로 가정된다.

있는 것도 아니고 없는 것도 아닌 것, 있는 것이기도 하고 없는 것이기도 한 것은 '안인 것+인 것'이라는 서로 반대되는 특성을 지니고 있는데, 아닌 것으로서 없는 것과 인 것으로서 있는 것의 특성을 구비하고 있는 이것은 있는 것(1) 없는 것(2), 그 사이에 들어 끌어당기기도 하고(있는 것이기도 하고 없는 것이기도 하고) 밀쳐 내기도 하는(있는 것도 아니고 없는 것도 아닌) 힘을 지닌 것(3)으로서 제구실을 한다. (형이상학적으로 이 점에서는 동서양의 생각의 틀사유이 일치한다. 그것이 음양으로 표시되든 '+, -'로 표시되든) 이 제3의 것이 있는 것과 없는 것을 끊어내거나 이어 주는 과정에서 있는 것은 하나에서 여럿으로 갈라지고, 없는 것은 이 갈라진 것들을 부지런히 받아들여 빠진 것들을 채워 간다. 1, 2, 3, -1, -2, -3, $\frac{1}{1}$, $\frac{1}{2}$, $\frac{1}{3}$은 수학 공식이나 물리학 공식에서 가장 흔히 나오는 수치들인데, 이것들은 4(2+2, 2×2), 6(2×3), 8(2^3), 12(2^2×3), 20(2^2×5)과 마찬가지로 시각화의 상징물일 뿐이다.

있음과 없음이라는 두 한계선 사이에서 힘으로 흐르는, 크게 보아 두 가닥으로 꼬이는 결의 마디는 저마다 대칭을 이루면서 감돌아 덩이를 한데 모으기도 하고, 휘돌아 덩이를 흐트러뜨리기도 하고, 잠깐 맴돌아 덩이와 덩이 사이에 평형을 이루기도 한다. 있는 것은 먹히는 힘이고 없는 것은 먹어 치우는 힘이다. 없는 것은 늘 배가 고프다. 있는 것도 아니고 없는 것도 아닌 것은 또 있는 것이기도 하고 없는 것이기도 해서 있는 것에서 없는 것으로 먹이를 나르는 빨대 노릇을 하기도 한다. 하나였던 있는 것은 이 빨대를 통해 잘게 부스러져서 없는 것, 빠진 것이 섞여 있는 여러 있는 것들을 빚어낸다.

4. 유럽원자핵공동연구소

29

함과 됨의 흐름

빛보다 빠른 어떤 흐름도 몸을 이룬 것에 느낌을 불러일으키지 않는다. 다시 말해 함과 됨을 뛰어넘는다(작용과 반작용에서 벗어난다). 아롬앎에 눈먼 이들에게 쉽게 알아들을 수 있는 말로 하자면 톨입자 이론으로 바꾸어 말할 수밖에 없다. 이른바 수소를 이루는 독립 원자(이것은 루크레티우스가 쓴 《De Rerum Natura》에서 빌린 말이다)는 이 우주 공간에 헤아릴 수 없이 많게 흩어져 있는 것으로 가정되는데, 이 독립 원자의 알갱이로 알려진 양자들과 그 둘레를 돌고 있는 전자로 알려져 있는 이른바 톨들은 저마다 빛의 빠르기보다 무한히 빠른 속도로 요동치거나 맴돌고 있다.

우리가 눈 또는 시각으로 부르는 몸의 일부를 이루는 것에서 나가는 빛의 흐름도 그 빠르기는 양자들이나 전자의 빠르기나 마찬가지로 빛의 빠르기에 견주어 무한한 속도로 무한한 공간을 가로지른다. 우리가 과거 몇억, 몇십억, 몇백억으로 헤아려지는 광년을 거쳐 우리 눈에 들어 오는 별빛들을 눈빛으로 맞을 수 있는 까닭은 우리 눈빛이 그 별, 성운, 성단들에서 가로질러 오는 빛들을 한순간에 그 빛들이 미처 가로지르지 못한 공간을 건너뛰어 그 까마득한 과거를 볼 수 있기 때문이다. 수소 원자가 양성자 하나, 전자 하나로 이루어져 있다고 밝혀진 이 학설이 어설프다는 것은 요즘 들어 조금씩 드러나고 있다. 양성자를 이루는 양자들이나 전자의 위치는, 그러니까 그것들이 차지하고 있다고 여겨지는 자리는 확률적으로만 가늠된다.

수소의 원자는 태초의 큰펑빅뱅 이후로 덩이의 질량이 무한했던, 또는 아예 0이었던 무한한 뜨거움으로 뭉쳤던 힘이 '펑' 소리를 내면서 한순간에 터지고, 그 새사이, 시간과 공간 생겨난 틈서리로 그 기운이 퍼져 나가는 동안에 식어서 헬륨 원자He로 뭉치고, 그 헬륨 원자의 커다란 덩어리인 해helios, 태양, 太陽에서 더위열와 빛광자으로 쏟아져 나와 해의 둘레를 도는 별행성들을 덥히고 비추는 것으로 가정되고 있다.

그리고 우주의 틈새가 벌어지고, 그에 따라 차츰 열기가 식어감에 따라 원시 수소의 전자와 양성자가 한데 붙어 중성자가 되기도 하고, 일부는 떨어져 서로 맴돌기도 하면서 원자핵의 숫자를 늘려가 가장 가벼운 수소 원자에서 가장 무거운 원소까지 주기율표에 나오는 그 많은 원소들이 중성자별이나 검은 몸흑체 또는 중력의 중심을 이루는 검은 구멍블랙홀을 이루고 있다고 가정한다. 이 물리학 놀이는 그것이 양자 수준의 미시물리학이든 천체 수준의 거시물리학이든 고대 원자론자들의 이론틀에서 크게 벗어나지 못할 뿐만 아니라 쓸모없는 군더더기인 파르메니데스-플라톤-아리스토텔레스-플로티누스의 형이상학적 이론까지 덧씌워져서 고대 원자론자들의 빛나는 통찰까지 훼손하고 있다.

여기에서 논의를 진전시키기 위하여 저들이 전문용어로 정착시킨 꾸며 낸 과학 말들을 보통 말, 일상 언어로 몇 개만 바꾸어 보기로 하자. 비디온vidion → 보이미눈에 맞닿은 것, 아우디온audion → 들리미귀에 닿은 것, 콘탁톤contacton → 다디미몸mass에 맞닿은 것. 여기에서 '온on'은 그리스 말에서 온 것으로 '있는 것' 또는 '인 것'을 뜻한다. 이 말들은 이른바 현대물리학자들의 귀에도 익은 말일 것이다. 그이들은 거의 모든 톨로 여겨지는 것들에 이 말을 갖다 붙이는 버릇이 있다. 엘렉트론electron, 포톤photon, 글루온gluon, 뮤온muon, 그라비톤graviton……. 그이들은 귀로 받아들이는 것을 참아 내지 못한다. 그것들은 이어진 결wave을 이루고 있고, 이어진 것들은 부분으로 잘라서 톨로 바꾸기 어렵기 때문이다. 그래서 이들에게는 아우디온들리미은 비디온보이미보다 못 미더운 것이 된다. 왜냐하면 '비디온'은 빛의 힘을 빌려서라도 잘라 낼 수 있고, 따라서 이것저것으로 가를 수 있고 잴 수 있는데측정 가능한데 아우디온은 그럴 수 없기 때문이다. 그들(미시세계를 파고드는 이론물리학자나 거시세계를 파고드는 천체물리학자)은 강력, 약력, 전자기력을 발휘하는 것 덩이, mass 들뿐만 아니라 서로 끌어당기는 힘(이것을 엠페도클레스는 사랑의 힘이라 불렀다)과 밀치는 힘(이것은 엠페도클레스가 미움의 힘이라 부르던 것이다)까지도 덩이진 것으로 바꾸어 중력자그라비톤, graviton로 부르고 싶어 한다.

여기에서 기독교에서 빛과 생명으로 부르는 하나님이, 신약성서 요한 복음의 첫머리에 적힌 대로 어떤 분인지, 있는 그대로 인용하자면 다음과 같다. "태초에 말씀Logos이 있었다. 이 말씀이 곧 신Theos이었다." 말씀은 귀에 들리는 높낮이와 셈과 여림을 갖춘 아우디온audion 곧 들리미다. 그것은 비디온과 달리 이어져 있는 결의 꼴을 갖추고 있다. 여기는 신학을 논의하는 자리가 아니므로 여기에서 더 말하고 싶지 않으나, 모든 살아 있는 것들은 이어진 결의 꼴을 이루고 있다는 말을 덧붙이고 싶다. 잘 알려져 있다시피 빛에 드러나는 것들에 견주어 그늘에 감추어져 있는 것들이 훨씬 더 많다. 미시세계에서도 중간 세계에서도 거시세계에서도 마찬가지다. 이것들이 마치 두 끝양극단에 있는 것으로 여겨지는 있음 바로 그것das reine Sein과 없음 바로 그것das reine Nichts이 같은 것으로 보면, 그것은 종교의 영역이지, 삶이나 학문의 영역이 아니다.

이 한뉘에서 큰펑 이전에도, 확장되는 우주에도 움직임, 흐름은 멈춤이 없었다. 이 말은 힘으로서 함과 됨이 우주를 관통하고 있다는 말이다. 엘렉트론으로 바꾸든, 포톤으로 바꾸든, 글루온이나 그라비톤으로 둔갑을 시키든, 휘돌고 감돌고 맴도는 가운데 이루어지는 빛과 그늘로 드러나는 이 한뉘(여러 뉘라고 불러도 된다)의 움직임은 속속들이 삶의 흐름을 되비치고반영하고 있다는 것을 놓치면 그 이론이나 학문은 어림 반 푼짜리에 지나지 않는다는 게 내 생각이다. '사는 게 먼저고 아롬사랑철학은 그다음이다primum vivere, deinde philosophari.'이때의 삶은 사람으로서 사는 것만 뜻하는 것이 아니다. 온 누리가 삶의 터이자 흐름으로 보아야 한다. 크건 작건 모든 흐름은 이어져 있다.

30

똘로 뭉쳐진 시공간과 결로 풀리는 시공간

힘이 함과 됨으로 이루어진 두 가닥 끈이 한데 뭉쳐 크기가 없는 질점을 이루고 끝없이 커질 때 그 한계점에서 일어나는 일을 일부 현대물리학자들은 '큰펑빅뱅'이라 이르고, 큰펑이 있은 뒤로 흐름이 생겨났다고 본다. 이것을 '시간'이라고 부르는데, 이 흐름은 여러 갈래여서 가장 작은 단위에서 일어나는 양자 요동 같은 미시적 차원에서 생기는 시간도 있고, 천체물리학에서 측정하는 거시적 시간도 있다. 그리고 결의 흐름에 따라 바이러스나 박테리아의 활동 시간이나 지질학적 연대 같은 길게 감기는 시간이나 저마다 다른 뭇산이들이 누리는 생체의 삶과 죽음으로 가늠되는 시간이나 광년으로 헤아려지는 빛 빠르기로 재는 시간도 있다. 이 흐름은 빛의 속도를 잣대로 삼고 적색편이를 기준으로 볼 때 현재까지 빛보다 빠른 속도로 확산

되고 있는 우주 팽창의 원인으로까지 여겨지고 있다. 물론 이 이론은 관찰 결과를 종합한 수치화된 계산을 바탕으로 세워진 이론이고 여기에 맞서는 이론들도 있다.

우리는 결이 톨로 뭉치는 마디를 '생성'이라 이르고 톨이 결로 풀리는 순간을 '소멸'이라 이른다. 이 우주의 모든 영역에서 생성과 소멸이 일어나고 있다. 머물러 있는 것은 아무것도 없다. 시간의 길이도 늘어나거나 줄어들고 공간의 크기도 모습도 달라진다. 그리고 모든 것은 모든 것에 이어져 있다. 이 한뉘우주 안에서 개별적으로 독립되어 있는 것은 아무것도 없다. 다시 말해 양자 요동 같은 짧은 시공간에서 이루어지는 무작위적 운동도 몇백, 몇천억 광년에 이를지 모르는 확장된 우주적 시공간과 따로 떨어져 있지 않다. 만일에 이들 운동이 저마다 토막나 있다면, 우리는 비록 이론적이나 직관적으로나마 인간의 생성과 생존 범위를 벗어나는 것들에 대한 이론이나 직관을 내세울 수 없다.

사람이 이 우주 안에서 특별한 생명체인 것임에는 틀림이 없다. 그렇다고 인간만이 우주에 대한 발언권을 독점하고 있는 생명체라고 우기는 것은 일종의 오만이라는 게 내 생각이다. 유무상생有無相生이라는 말은 노자의 《도덕경》 첫머리에 나오는 말이다. 이와 비슷한 생각은 모든 문화권에서 두루 찾아볼 수 있고,

컴퓨터의 연산 가능성도 이런 생각에 바탕을 두고 있다(있음(1)과 없음(0)이 헤아릴 수 없는 마디로 이어져 있어서 우리는 빛과 소리의 여러 단위를 추출하고 기억에 저장할 수 있다).

기억에만 기대는 의존하는 과학만으로는 올날 아제, 미래을 점칠 수 없다. 믿음만으로는 전체 경우를 설명할 수 없다는 말이다. 믿음이 사랑(미래에 대한 상상력)으로 이어지는 삶의 고리(현재, 이제, 오늘)가 든든할 때, 다시 말해서 있을 것이 있을 때, 있을 데에 있고, 없을 것이 없을 때, 없을 데에 없는 그런 조화롭고 아름다운 삶이 보장될 때, 우리는 우주의 역사에 대한 새로운 전망을 갖게 될 것이다.

31

살미와 주그미

살미삶와 주그미죽음는 잇스미있음와 업스미없음라는 두 가닥 끈이 꼬는 마디에서 생기는 뭉침과 헤침을 일컫는 말이다. 우리가 하나님(1)이나 빔(0)으로 부르는 거시기머시기를 사람 얼눈심안, 心眼으로 볼 때는 빛과 생명으로 뭉뚱그릴 수 있으나, 다른 사니생명체들에게는 저마다 다른 꼴로 비친다. 살미가 없으면 주그미도 없다. 거꾸로 말해서 주그미가 없으면 살미도 없다

다른 사니들에게 거시기머시기는 저마다 다른 모습으로 드러난다. 살미의 옷깃이 언제 어디서 어떻게 스치느냐에 따라 헤아릴 수 없이 많은 서로 다른 사니들이 꼴을 바꾸어 제 몸을 드러내는데, 어려운 한자어로 '계시'나 '현현'으로도 불리고 라틴어에 뿌리를 둔 '일루미나티온illumination'이라고도 일컬어지는 이 갖가지 살미의 흐름과 그 가닥은 한뉘우주에 온갖 무늬를

이루며 가득 펼쳐져 있다.

어떤 살미는 깊은 잠에 빠져 있다가 뒤늦게 깨어나기도 하고 겉으로 보기에 주그미 꼴로 천문학적, 지질학적 연대를 거치기도 한다. 사람이라 불리는 사니는 있을 것은 없애고 없을 것을 빚어내는, 그래서 삶의 힘을 허투루 쓰는데 이골이 나 있어서 다른 사니에 견주어 살미의 제 꼴을 오롯이 드러내지 못한다. 가장 큰 죄는 삶을 낭비하는 죄다. 다른 사니들은 살미의 힘을 허투루 쓰지 않는다. 모두 제 깜냥을 알고 거기에 맞추어 살아간다.

언젠가 나는 기독교에서 말하는 '유일신오직 한 분'이 온갖 살미와 주그미의 찌꺼기들을 마지막 날에 죄다 아무렇게나 버무려 사람이라는 사니로 뭉뚱그리고 나서 일곱째 날이 되어 지쳐서 널브러졌다고 우스갯소리를 한 적이 있는데, 이 말이 빈말만은 아니었다. 저마다 외따니개체로 빚어진 뭇산이들은 동떨어져 지내기도 하고 무리 지어 서로 기대면서 살아가기도 하는데, 먹이사슬을 이루더라도 제 살붙이의 살에 빨대를 꽂지는 않는다. 그러는 것들도 있다고 우기면서 보기를 들 사람이 있을 텐데, 그러지 말기 바란다.

우리에게 살미의 수수께끼는 풀리지 않았고 앞으로도 온 누리를 샅샅이 뒤지더라도 풀리지 않을 것이다. 모르는 게 많다는 것은 좋은 일이다. 모르는 것을 덮어 두고도 살 수 있다면 그러는 게 더 좋다. 왜냐하면 삶에 도움이 안 되는 앎은 군더더기이기 때문이다. 우리는 살려고 배우고 그래서 죽는 날까지 배운다. 앎아름이 삶에 보탬이 되기 때문에 '아는 것이 힘이다'라고 말하지, 삶에 아무 도움도 되지 않는 아름은, 그리고 그것을 뒤좇는 짓은 그야말로 삶을 낭비하는 대죄를 짓는 짓이다. 우리는 갖은 삶의 가닥을 추스르면서 어떻게 살아야 좋을지를 알려고 애쓰는 사람들을 알고 있다. 이런 사람들은 비록 몸 놀리고 땀 흘려 일하지 않더라도 먹여 살릴 만하다.

32

깊이와 널리

한자어로 '심사원려深思遠慮'라는 말은 깊이 들여다보고 널리 내다보고, 또는 멀리 내다보고 잘 살피라는 뜻이다. 그러나 아무리 깊이 들여다보고 널리 또는 멀리 내다보고 싶어도, 샅샅이 꼼꼼히 훑어보고 싶어도 눈이 살피는 것에는 끝한계이 있다. 그 눈이 살눈이어도, 현미경이나 망원경 같은 기계 장치의 도움을 얻어서 보는 눈이어도 빛이 닿지 않는 곳은 볼 수 없다. 그 빛에도 햇빛이니 달빛, 별빛 같은 자연에서 오는 빛도 있고, 사람 손으로 빚어낸 인공의 빛이 있으나 어떤 빛이든 닿지 않는 곳이 있다. 그것은 아무리 작더라도 겉과 속으로 이루어진 톨이 있으면 겉은 살필 수 있으나 속은 들여다볼 수 없는 것이나, 빛까지도 빨아들여 어둠에 잠겨 있다고 여겨지는 검은 몸흑체, black body이나 검은 구멍블랙홀, black hole이 한뉘우주에 널려 있다고 믿으면서도 그 모습을 보일 수 없는 것이나 마찬가지다.

살눈육안으로 말고 마음의 눈심안으로 보라는 말도 있다(나도 마음의 눈이 있음을 믿는다). 마음에도 어둠에 묻혀 있는 구석이 있다. 마음의 눈이 빛을 쏘아 발견할 수 있는 것과 아무리 들여다보려 해도 의식을 벗어나는 곳무의식의 영역이 있다. 이 깊이를 가늠할 수 없는 마음의 어두운 구석은 심층심리학 또는 정신분석학, 영성 수련, 참선, 명상…… 들이 관심 갖는 영역이기도 하고(개별 심리학의 주제 가운데 하나다), 더 넓히면 집단 무의식이나 군중심리 같은 사회심리학 또는 인간종 전체의 뇌를 대상으로 삼는 탐구 영역이 될 수도 있다. 그러나 이 테두리에 드는 것도 검은 몸이나 검은 구멍같이 어림치는 합리적 믿음에 기댈 수밖에 없는 것이지 마음의 눈으로 밝혀낼 수는 없다. 그리고 같은 마음의 눈이라 일컬어도 그 눈이 바라보는 곳과 밝기 또는 파고드는, 또 두루 살피는 깊이와 널리멀리는 저마다 차이가 나거나 다를 수 있다.

20세기 초에서 오늘에 이르기까지 인간종의 눈으로 살필 때 물리 이론(사람들은 이론 물리학이라 이른다)과 물리 실험(관찰까지 포함하여 사람들은 실험물리학이라 이른다), 그리고 이 둘 사이를 매끄럽게 이어 주는 수학 이론이 힘을 모아 이제까지 듣도 보도 못한 커다란 성과를 이루어 왔다. 그리고 이들이 이루어낸 아롬지식, 알음알이, 분별지은 널리 파급효과를 미쳐 두뇌 과학, 생리학, 유전공학 게놈 분석, 분자생물학, 무기·유기화학, 사회병리학……, 심지어 철학의 뿌리까지 흔들어 놓았다. 이른바 현실 세계와 가상 세계의 경계는 흐릿해지고 실재하는 시간과 공간이라는 틀도 무너져 버렸다. 때와 데시간과 공간는 한 몸연속체을 이루고, 좀누리미시세계, 사이누리중간세계, 한누리거시세계를 재는 눈금이 새겨진 인간의 척도(사람이 눈금을 새긴 자, 尺)도 고무줄놀이가 되었다. 쓸모에 따라 제멋대로 눈금을 줄였다 늘였다 할 수 있는 이 자는 (손오공의 여의봉처럼) 놀라운 탄성체초끈, superstring가 되어 어디에 휘둘러도 좋을 만큼 탄탄하고 매끄러워졌다. microcosmos, mid cosmos, macrocosmos를 하나로 이어 주는 이론들(이를테면 TE 만물이론, Theory of Everything 같은 것)이 비 온 뒤 대싹우후죽순처럼 돋아나고 혼돈카오스마저 확률과 통계 이론으로 정의definition 가능한, 다시 말해 질서 있는 우주코스모스로 끌어들일 수 있는 마법의 지팡이가 생겨났다. 마침내 인간종, 그 가운데 머리 굴리기로 이름난 우세종이 하나님을 대신하여 만유萬有를 지배하는 세계가 창조되었다.

33

두루 훑기

두루 훑기개요 : 있음 바로 그것 → 마디 없는 결 흐름Das reine Sein → durée pure 없음 바로 그것 → 결 빔das reine Nichts → espace pure, 빛으로서 삶("나는 빛이요 생명이다.") → 마디톨 이룸→ (어둠을) 건너뜀élan vital → élan d'amour → 눈 뜸(눈에 보이는 것들) → 맞섬과 만남Gegenstehung vs. Begegnung → 대상object, objet, Gegenstand의 출현(톨과 톨의 부딪힘, 흩어지고 모임 conversion ↔ disfusion) 톨의 크기에 따르는 자유도와 안정도. 안정의 극한 → ① 절대 냉동-273℃ → 없음 바로 그것으로 돌아감. ② 크기 없는 무한소의 열점 → 있음 바로 그것으로 돌아감.

크기가 안고 있는 문제 : 크기가 작아지면 자유도가 높아지고, 크기가 불어나면 안정도가 커진다. 어둠으로서 카오스와 빛 속에 드러나는 코스모스. (이른바) ① 물질 차원에서 톨의 크기를 돌이켜봄. 양자 요동과 흑체 black body 또는 black hole. ② 생명 차원에서 톨의 크기를 돌이켜봄. 박테리아와 바이러스의 차원에서 거대 공룡, 흰수염고래 같은 생명체들의 출몰에 이르기까지. (산소로 목숨을 이어 가는) 움직사니동물들, 특히 '곤충 여섯발붙이'들이 살아온 길생존 전략 또는 진화, 숨 쉬기와 먹이 찾기 그리고 먹이사슬. 푸르미식물들과 빛. 빛마루에서 빛마루로 건너뛰는 삶. 그것을 뒷받침하는, 이어지면서 짙어지고 열어지는 그늘의 힘음양. 곰팡이균이 보여 주는 슬기풀무치의 보기.

이 두루 훑기에 뼈대를 세우고 살을 붙여서 《철학자가 본 우주의 역사》를 온전하게 완성해야 한다. 그런다고 해서 모로미가 갑자기 아로미로 바뀔까? 그래도 아직까지 이 늙은이를 살려 놓고 있는 거시기머시기의 손발은 되어야지. 지푸라기 인형제웅, 추구 노릇이라도 해야지. 손발 못 놀리면 머리라도 굴려야지.

2만 개가 넘는 겹눈을 달면서까지, 그리고 그 눈으로 머리통을 가득 채우면서까지 이 땅별에서 살아남으려고 애써 온 여섯발붙이들이 보여 주는 삶의 슬기를 배워야지. 배워서 남 주어야지. 사람붙이만이라도 일깨울 수 있다면, 사람 꼴을 허물어뜨리기 전까지는 있는 힘, 없는 힘 다 기울여야지. 허투루 힘쓰지 말아야지. 안개 가득해서 길이 안 보이더라도 발바닥을 눈 삼아 주춤주춤 발걸음을 떼야지.

안 그래? 이 늙은이야.

34

1과 0

1 → ∞ → 0 (↓) + → - 됨확산, 냉각 entropy

0 → ∞ → 1 (↑) - → + 함축소, 가열 extropy

열역학 제1의 법칙. 1=1, 0=0 (있는 것은 있는 것이고 없는 것은 없는 것이다. 있는 것이 없는 것이 될 수도, 없는 것이 있는 것이 될 수도 없다.) 1≠0, 0≠1

열역학 제2의 법칙. '1 → ∞ → 0'이 맞다. (확산, 냉각이 진행 중이고 이것이 자연의 질서다.) (K. -273°C)

1은 상향 안정화의 극점이고 0은 하향 안정화의 극점이다. 1과 0은 C 상수, constant, 나머지는 모두 V 변수, variable인데, 이 V는 ∈0이고 ∈0는 그 방향이 ↑일 수도 있고 ↓일 수도 있다. ↑는 확률이 낮고 ↓이 일반적 추세다[5].

함과 됨이 꼬여 고비와 구비를 이루는 흐름을 이루는데, 고비에서만 측정 가능한 힘의 변화v는 통계적 확률로만 드러난다. 삶은 열역학 법칙 1도, 2도 거스른다(삶의 다른 꼴인 죽음도 마찬가지다). 이 우주에 어디에서나 통하는 제1의 법칙은 없다. 겪음 경험에 바탕을 둔 생각 기억이 새로운 꼴을 빚는 힘 됨으로 드러날 수 있으나, 창조 creatio는 이 외가닥 힘만으로 빚어지지는 않는다. 사랑 올날의 바람의 힘함이 곁들여져야 한다. 베르그송은 이것을 '창조적 진화 L'évolution créatrice'로 부르고 사랑의 힘을 '엘랑 비탈 élan vital' 또는 '엘랑 다무르 élan d'amour'로 불렀다.

5. 이것은 열역학 제1의 법칙, 제2의 법칙의 바탕을 이루는 현대 수학과 수리 물리학이 지닌 비관주의를 보여 주는 것이라 할 수 있다.

35

삶톨의 슬픔과 결의 꿈

왜 이 땅별에는 산티, 산톨, 산이들이 우글거릴까? 더 나아가 왜 맴돌이별들 행성에는 비슷한 일들이 벌어질까? 바이러스, 박테리아에서 곰팡이, 그 밖에 고세균이라 불리는 원핵세포, 진핵세포를 지닌 단성생식에서 양성생식에 이르는 삶톨들이 헤아릴 수 없이 여기저기에서 꿈틀거릴까? 왜 이른바 전자 하나, 양성자 하나인 수소 H가 가득한 티끌, 티끌이 가득한 한뉘에서 산소가 나타나 이 맴돌이별들에 그 식은 껍질에 물들이 생겨나고 이 물들 안에서 산티, 산톨, 산이들이 들끓게 되었을까?

우리는 그 까닭을 모른다. 다만 이 한뉘에 삶의 힘 생명력이 가득하여 그 힘이 이 꼴 저 꼴을 빚어낸다는 것만 어렴풋이 미루어 알듯 말듯 할 뿐이다. H_2O 물, 이것이 빚어내는 온갖 산이 생명체들, O 산소는 산이들의 목숨을 움켜쥔 힘이다. 이 힘이 톨로 뭉친 것들의 삶과 죽음을 가르고 먹이사슬을 이루는 긴 생명의 역사를 이 한뉘우주에서 펼친다. 물빛이 가득한 푸른 별들은 이 한뉘에 가득하다. 그것들은 겉껍질이 알맞게 식어서 굳어지고, 그것에 수소와 산소가 한데 어우러져 물로 덮이면, 그 안에서 온갖 산티, 산톨, 산이들을 길러 낸다. 결이 톨로 바뀌는 이 변용metamorphosis을 사람들 눈에 띄게 만든 이 땅별에서 나도 어쩌다 사람 꼴을 하고 아주 잠깐 그 과정을 엿보고 있다.

이 땅별에서 여섯발이곤충들의 역사는 수억 년에 걸친 움직사니동물들의 험난한 삶의 자취들을 고스란히 보여 준다. 뭍으로 옮아온 푸르미식물들에 기대 살다가 마침내 저들끼리 먹이사슬을 이루며 살아남기 위해서 살아 있는 궂은 꿈악몽을 되풀이하는 움직사니동물들의 꼴들을 보고 있노라면, 결이 톨로 바뀔 때 그 마디마디에서 생기는 아픈 옹이들이 한눈에 드러나고, 이 길고 끔찍한 생명의 역사에 말할 수 없는 슬픔이 가슴에 가득해진다.

다시 결로 풀려 다시는 톨로 뭉치는 일이 없는, 그저 흐르고 또 흐를 뿐인 니르바나열반의 세계를 꿈꾸었던 부처붓다, 석가모니나 하나1, 있음로 돌아가고 싶어 했던 예수의 몸짓이 새삼스레 가슴을 저민다.

내 나이 여든이 넘었는데 거시기머시기는 나를 어디에 더

부리려고 내 목숨 아직 붙여 두고 오늘도 먹지 않고 숨 쉬지 않으면 안 되는 살붙이로 남겨 두고 있나?

36

모를 누리의 꿈

사람붙이가 살눈육안으로 볼 수 없는 세계를 '좀누리'라고 부르고, 사람 눈이 닿지 않는 너른 누리를 '한누리'라고 부르고, 사람 눈길이 미치는 그 사이 세계를 '사이누리' 또는 '샛누리'라고 부르자던 말은 이미 지난 덧붙임에서 했던가? 그리고 여기에 덧붙여 실눈 뜨고 마음속을 들여다보아야 열리는 맘눈심안으로만 볼 수 있는 세계는 '모를 누리'라고 부르자. 생각에 생각을 굴리고 또 굴려도 지난날 겪은 일들을 아무리 더듬어 보아도 알 수 없는 세계, 큰 결 작은 결, 결의 흐름에 실려 결로 흘러야 살결과 마음결에 와닿는 느낌으로만 알 수 있는 세계, 어떤 사람은 직관으로 부르고 어떤 사람은 깨달음으로 부르는 세계, 또 어떤 이들은 신령스러운 앎이라고 부르는 영지의 세계, 물결 따라 출렁이며 저 먼 알류샨Aleutian열도까지 갔다가 되돌아오는 강원도 남대천의 연어에게나 열리는 세계. 그런 세계가 있음을 나는 본능으로 느낀다.

우리 사람붙이는 그것이 좀누리건 샛누리건 한누리건 아랑곳 않고 물리적 현상만 보도록 강요되고 있다. 형이상학은 비웃음거리에 지나지 않는다. 나사NASA에서 쏘아 올린 보이저 1, 2호기가 그 긴 여행 동안 보여 주는 것도 그저 물질세계뿐이다. 기계로 탈바꿈한 그 날갯짓이 본디 생명현상이라는 것은 까마득히 잊고 있다.

우주를 날아오를 꿈을 꾼다는 것, 먹고 마시고 숨 쉬어야 하는 사니로서는 꿈을 이룰 수 없다는 것, 쇳덩이에 기계 눈을 달 수밖에 없다는 것, 그리고 그 기계 눈이 보여 주는 것은 기계적 세계일 수밖에 없다는 것. 이 한계를 받아들이면서도, 그리고 이 땅에는 헐벗고 굶주리고 눈비조차 가리지 못해 굶어 죽고 얼어 죽고 온갖 병마에 시달리다 죽는 사람붙이들이 쌔고 쌨는데도 한구석에서는 하늘을 나는 꿈이 펼쳐지고 그 꿈이 사람사니의 남다른 점을 보여 준다는 것. 이 모순을 안고 살도록 운명지워진 생명체가 지상에, 이 땅별에 지질학적 연대의 어느 순간 나타났다는 것, 그리고 그 까닭을 너도 모르고 나도 모르고 아무도 모른다는 것.

한탄이 되었건 찬양이 되었건 그 무엇이 되었건 모를 누리에 어쩌다 사람붙이로 생겨난 나에게 주어진 몫은 그저 지푸라기 인형제웅, 추구. 《철학자가 본 우주의 역사》를 쓰는 것은 내 몫이다. 왜냐? 아무도 이런 황당한 짓을 하지 않을 테니까. 그리고 이런 짓에 연구비를 댈 곳은 이 땅별의 어디에도 없을 테니까. 앞으로 인간의 역사가 희화화되면서 생명의 역사에 뒤이어 우주의 역사는 처음에는 〈개그 콘서트〉의 주제로 나중에는 SF 문학의 소재로 그리고 마침내는 사람사니들의 마지막 꿈으로 바뀔 것이다.

37

둥글뿔원추

둥글뿔은 이른바 삼차원 입체다. 안팎이 갖추어진 부피를 지니고 있는 선몸입체이라는 뜻이다. 이 선몸은 어디를 어떻게 자르느냐에 따라 빗동그라미타원형가 되기도 하고 동그라미원형가 되기도 하고 굽동그라미포물선가 되기도 한다. 의식의 칼날로 물반듯수평하게 자른다고 치자. 아래에서 위로 잘라 나가다 보면 더는 자를 수 없는 꼭짓점에 이르게 된다. 이 꼭짓점은 부피도 넓이도 없는, 다시 말해 공간적 규정을 벗어난 점이다. 이 점이 알꼴구슬꼴을 지니고 있다고 치자. 그리고 칼날로 저미는 의식의 힘을 때로는 휘돌고 때로는 감돌고 때로는 맴도는 움직임운동으로 보자.

파르메니데스는 '있음 바로 그것'을 알꼴을 지닌 것spairoeides으로, 시간과 공간을 여읜 것으로 놓았다. 그리고 파르메니데스의 제자인 제논은 이 있음이 어떻게 때시간와 데공간를 벗어나는지, 그리고 때와 데를 받아들이는 말대기논증가 어떤 어긋말 모순을 불러일으키는지를 밝혀냈다. (파르메니데스와 제논은 둘 다 이탈리아반도에 뿌리를 둔 사람이었다. 뒤이어 이야기할 피타고라스도 마찬가지다.) 둥글뿔을 한자리에 세워 놓고 겉모습만 살피면 세모꼴로 보인다(이것을 평면도형이라고 해야 쉽게 알아듣는 사람이 있다). 피타고라스는 이 세모꼴에 바탕을 두고 꼭짓점에서 바닥까지 바른줄수직선을 그어 바른모세포꼴직각삼각형을 얻고 바닥금과 바른 금이 3의 제곱과 4의 제곱으로 이루어진 네모꼴을 그려 내서 둘을 보태면 그 크기는 5의 제곱으로 이루어진 빗금에서 얻는 네모꼴과 같은 크기를 지닌다고 논증했다. 이것을 숫자로 바꾸면 $3^2+4^2=5^2$ (9+16=25)이 된다. (이것은 가장 단순화된 보기이고 다른 모든 보기에서도 같은 결과를 얻을 수 있다고 우겼으나 그렇지 않다는 보기가 있음을 피타고라스를 추종하는 무리들은 끝까지 숨겼다는 말이 돈다.)

왜 이렇게 케케묵은 이야기를 다시 꺼내 드는가? 그럴 까닭이 있다. 이 둥글뿔에는 보이지 않는 힘이 숨겨져 있기 때문이다. 둥글뿔은 겉만 살필 수 있는 우리 눈에 그 둥글뿔이 반반한 바닥에 앉아 있을 때는 어디에서 보나 세모꼴로 보이고, 그 꼭짓점이 세모를 벗어나 둥글게 보이기 때문에(또는 그냥 점으로

만 보이기 때문에) 뒷날 곱은줄곡선을 바른줄직선로 바꿀 수 있다는 이른바 미분과 적분이라는 수학을 낳고(이 곱은줄의 끝판은 동그라미원이다), 다른 한편으로 물리학에서 큰펑빅뱅 이론을 낳고, 그 밖에 안장이나 말굽이나 빗동그미타원형로 이루어진 휘돌이, 감돌이, 맴돌이를 하는 톨들의 움직임을 재는 공간과 시간 이론을 낳기 때문이다. 그뿐만 아니라 데모크리토스의 원자와 공간 이론도, 거기에 기댄 이른바 현대 수학, 현대물리학도 이 둥글뿔에 크게 빚지고 있다고 나는 본다.

둥글뿔이 지니고 있는 상징성은 데모크리토스에서 질 들뢰즈에 이르기까지 이 밖에도 파헤칠 구석이 많다. 겉으로 보아도, 그 몸통을 갈라서 살펴도, 꼴로 드러나거나 움직임으로힘으로 드러나는 이 상징성을 어떻게 풀어내느냐해석하느냐에 따라 앞에서 말한 대로 존재론적 측면이나 수학적, 물리학적 측면으로 되살펴야고찰해야 할 구석이 한두 가지가 아니라고 본다. 따라서 둥글뿔은 어쩌면 우주의 역사를 결로나 톨로 풀이하는 데에 큰 실마리가 될 것으로 본다.

38

바람

샛뉘(사이누리, middle world, 땅별 같은 이른바 행성도 이 뉘에 든다)에서 센 바람, 여린 바람, 거친 바람, 부드러운 바람, 맴돌고 감돌고 휘도는 회오리바람이 불듯이, 그리고 그 바람의 결들이 저마다 다르듯이 좀뉘좀누리, 이른바 양자의 세계에서 부는 바람결도, 한뉘큰 누리, 천체, 코스모스 또는 유니버스에서 부는 바람도 저마다 여리고 세고, 거칠고 부드럽고, 빽빽하고 성글고…… 결이 다르다. 그리고 그에 따라 '때'의 겨를을 촘촘하거나 듬성듬성 짜기도 하고 '데'의 터를 무르게 빚거나 딴딴하게 다지기도 한다.

우주는 바람이 오가는 곳이다. 우주에서 부는 바람결은 담배 연기나 굴뚝에서 피어오르는 냉갈연기과 비슷하게 움직인다. 감몸흑체, black body이 어둠 속에 제 꼴을 감추고 있듯이 ('감춘다'는 말의 뿌리는 '감+ᄒᆞ+다'→'검게 하다'다) 저마다 다른 결들이 한데 꼬여 마디를 이룰 적에 그 꼬인 끈string들이 빚어내는 것은 톨들만이 아니다. 때시간와 데공간도 꼬여서 저마다 다른 덩이들을 이룬다. 예로부터 오늘에 이르기까지 때와 데를 파고드는 사람들의 머리굴림추론이 길을 잃고 미궁에 빠지는 까닭은 다른 데나 때에 있지 않다. 이 점에서는 결 이론이나 톨 이론이나 크게 다르지 않다. 자르거나 잇거나 거기서 거기다. 헤아리려고 자르고 한눈에 보려고 잇는다. 연을 날리는 데에는 끊어진 실을 마디지게 이어도 괜찮지만, 바늘에 꿰어 이불을 누빌 때는 마디가 있어서는 안 된다. 마디는 안팎을 만들기 때문이다. 겉에 드러나는 것몸은 속을 감추고 있다. 겉것과 속빔이 하나인 결에 눈길을 돌리는 까닭이 여기에 있다.

우주에도 봄이 오는가? 바람결이 바뀌고 있다. 이 바람결은 얼간이인 사람의 마음도 흔들어 그 가슴의 새로운 사랑(미래에 대한 추측)을 움트게 하고 있다. 이제까지는 아롬사랑만 사랑을 앞세웠다. 그러나 조금씩 모롬사랑이 여기저기서 움트고 있다. '아니까 사랑한다'가 아니라 '모르니까 사랑한다'로 바뀌고 있다. 처음부터 그래야 했다. 그러나 생각이 앞섰고, 그 생각이 지나쳐서 사랑을 업수이 여겼다. 그러나 아롬사랑철학, philosophy이 물리·수학에 주춤주춤 밀려나 수학자나 물리학자가 형이상학을 물질과학으로 둔갑시키면서 소크라테스의 모롬사랑('나는 내가 무얼 모르는 것만은 안다')을 깔아뭉개고 엉터리 형이상학을 정밀과학으로 내세우면서 한때 철학은 설 자리를 잃었다. 그러나 다시 모름이 전 우주적 시공 속에서 차츰 윗자리를 차지하게 되는 때를 맞았다. 이것이 나에게 전해지는 우주의 봄소식이다. 나이 여든에 맞는 봄, 꽃샘추위를 감추고 있어도 봄은 봄이다. 용트림 트는 봄, 봄 트는 날의 아픔, 겨울눈이 한꺼번에 뜰 적에, 칼바람 속에 연초록, 연분홍 봄이 눈을 뜬다.

39

때와 데

※ 맹갈 때인위적 시간와 맹간 데인위적 공간 vs. 제때와 제데. 기계의 시간과 생명의 시간. 샛누리중간세계에서 인간의 시공간과 자연의 시공간.

좀누리(전자, 광자, 타치온, 뮤온, 쿼크 같은 톨로 뭉친 자디잔 것들이 움직이는 세계)와 사이누리(세포 잔산티, 바이러스에서 하마, 흰수염고래, 개불알꽃, 바오밥나무, 사람들 같은 것이 살고 있는 땅별과 그 밖의 헤아릴 수 없이 많은 다님별행성들이 맴도는 세계)와 한누리(별구름 성운, 별떼 성단, 별자리 성좌 들로 수 놓인 우주 유니버스 또는 멀티버스)는 저마다 이제 여기지금 이 자리가 다르다. 비겨 말하자면비유하자면 하늘과 땅이 다른 만큼 톨과 결의 움직임이 딴판이다. 우주 법칙의 제일성열역학 제1의 법칙, 제2의 법칙 같은 물리법칙은 물리학자들의 머릿속에서나 맴도는, 그리고 수학 공식이나 뒷받침하려고 애쓰는 맹갈 때인위적 시간와 맹간 데인위적 공간일 뿐이다.

붙박이별항성이나 붙박힌 데정지된 장소로서 공간가 없듯이 제때와 제데(이것을 자연적 시공간으로 부르자)는 시계나 관찰 또는 실험이라는도구적 측정이라는 맹간 잣대로 잴 수 없다. 이를테면 좀누리에서 어제, 오늘, 아제를 가려 볼 수 있는가? 그리고 사람 머리가 생각하는 하루, 한 달, 한철, 한 해가 좀누리나 한누리는 제껴 두더라도 사이누리에 사는 다른 산이생명체들의 삶에도 들이댈 수 있는 때의 가늠인가? 빛 빠르기광속로 재는 우주의 크기, 서로 떨어져 있는 별들 사이의 거리는 지질학자들이 재는 땅켜지층가 감추고 있는 지질학적 연대(땅속에 묻힌 화석이 된 뭇산이들의 흔적들이 보여 주는 거리)와 어떤 이음매연관가 있는가? 그 어떤 하나도 제대로 잴 수 없는 잣대를 휘두르면서 '만물 이론'을 맹갈만들겠다고 큰소리친다?

사람 머리 속에서 맹갈아진만들어진 물리적 세계에서 사이누리가 좀누리와 한누리에 이어져 있는 것과 마찬가지로 삶의 힘생명력, soft power이 미치는 누리도 좀누리와 사이누리와 한누리를 아우른다. 삶의 결도 어느 세계에서나 흐르고 스미고 굽이친다. 때와 데를 가리지 않는다. 가상 세계에서도 현실 세계에서도 다르지 않고 산이생명체로 겪고 느끼는 때와 데는 저마다 결이 다르지만, 그것은 빛의 빠르기나 기계로 측정하는 시공간을 벗어난다. 왜냐하면 빛이나 시계가 없으면 톨 사이의 거리나 낱몸개체이 차지하는 때와 데를 잴 수 없지만, 삶의 힘은 빛이나 기계나 그것들이 재는 시공간을 뛰어넘어 어둠 속에서도, 꼭짓점이나 바닥점에서도 힘으로서 흐름을 멈추지 않기 때문이다.

감도는 바람이 너른 바닥에서 휘몰아치면서 힘을 뭉치는 꼭짓점을 이루고, 휘도는 바람이 바닥점에서 점점 나사꼴나선형을 이루면서 너른 바닥으로 너른 마당을 펼치듯이, 그리고 때로는 때와 데를 가르면서 서로 거리를 두고 맴돌듯이, 삶의 힘도 저마다 다른 결로 굽이치면서 온누리에 스민다. 이 힘을 상징하는 가장 그럴듯한 그림은 둥글뿔원추이라는 것을 이미 앞에서 밝혔다. 둥글뿔에는 큰펑빅뱅이 일어날 수 있는 힘의 응집점인 꼭짓점도 있고, 비스듬히 자르느냐 반듯하게 자르느냐에 따라 동심원이나 타원형의 꼴이나 궤도도 드러날 수 있고, 도형으로서 세모도 그려질 수 있고 말발굽이나 탄도 곡선도 그려질 수 있다는 것도 밝혔다.

40

$e^{i\pi}+1=0$

널리 알려져 있지는 않으나, 나는 $e^{i\pi}+1=0$이라는 오일러의 공식이 아인슈타인의 $E=mc^2$이라는 공식 못지않게 아름다운 공식이라고 본다. e는 이른바 자연 상수, i는 허수, π는 원주율이다. 그러니까 $i\times\pi$는 복소수이고, e의 $i\pi$ 제곱은 -1이 된다는 말이다. 이 말에는 여러 뜻이 감추어진 채 드러나 있다. 원의 한 점에 직선이 스칠 때 우리는 그것을 접점이라고 부르고 이 접점에서 원의 반지름을 이루는 선과 그 원을 스치는 선은 직각90°을 이룬다. 이 접촉이 데카르트 좌표에 수직인 복소수 공간에서 이루어지면 사인sine과 코사인cosine으로 나타나는 잴 수 있거나 헤아릴 수 있는 수치가 얻어지고, 이 수치를 e와 곱하면 거기에서 음수 −1이 얻어진다. 이 음수 하나(-1)와 양수 하나(+1)를 더하면 0이 된다.

자, 이제부터 이 상징적 공식의 갈피를 하나하나 뜯어서 살펴보자. 먼저 곡선과 직선의 스침에서 빚어지는 접점이다. 이 스침을 우리는 영어로 'contact'라 이르는데, 이 낱말은 라틴어 'contactus'라는 말에서 유래한다. 'contactus'는 라틴어 'contingere'의 과거분사이고 'contingere'라는 동사는 'con+tangere'에서 나왔다. '함께'라는 뜻을 지닌 'con'이라는 접두사는 '닿는다, 만진다'는 뜻을 지닌 'tangere'와 만나 '서로 닿는다, 서로 스친다, 서로 만진다, 접촉한다'는 뜻을 갖게 된다. 여기에서 'contingence, contingency'라는 말도 파생되는데 이 말에는 '접촉만남'이 반드시 그래야 할 까닭이 없는 우발적임을 드러내는 우연한 접촉이라는 뜻이 들어 있다. 그러니까 필연적 인과율에 따라 그렇게 된 게 아니고 어쩌다 스치게 된 우연한 만남이라는 뜻이다. 되풀이되지 않는 일회적 접촉은 필연에서 벗어나고, 필연에서 벗어나는, 되풀이반복되지 않는 모든 것은 고정되지 않는 변수variable의 영역에서 떠돈다. 원주율의 수치에는 반복되는 수계열이 없다. 무한(∞)히 달라지는 수들의 행렬matrix이 줄지을 뿐이다. 이들이 거의 점에 가까운 세모꼴로 나뉘는 미분계수로 고착되어 거의 원의 곡선에 달라붙게 하지 않는 한 원주율은 계산에서, 법칙에서 벗어난다. π가 등장하는 까닭이 여기에 있다. $\sqrt{-1}$이라는 허수가 등장하는 까닭은 음수와 양수가 0의 왼쪽과 오른쪽에 나란히 배열되는 데카르트 좌표에서(위아래도 마찬가지다)는 (+1)×(+1)=(+1)이고 (-1)×(-1)=(+1)이 되어 버리는 난점에서 벗어나 근root, 뿌리이 마이너스인 수치를 얻으려면 제곱의 자리에 허수가 와야 하기 때문이다. 그리고 이 허수는 수직 좌표의 어느 지점에서 얻어질 수밖에 없다. 이래서 $e^{i\pi}$이라는 기묘한 기호가 나타나고 그 값은 -1이다.

음수 하나(-1)와 양수 하나(+1)가 수렴되는 데카르트 좌표쌍의 중심점은 0zero이다. 1이 유니버스(이것은 하나가 되어 도는 우주의 표상이다)의 극점인 원의 테두리에 맞닿아 있다면 (접촉contact을 이루는 사태가 우연contingency이라면) 0은 중심에 놓여 있는 극점이다. 수렴은 0에서 끝나고 확산은 1에서 끝난다. 이 두 점 사이에서 흐르거나 자리 잡은 때데시공간는 끊임없이 흔들린다. 이 우주 안에서 멈추어 있는 것은 하나도 없다. 이 안에 '하나'는 없다. '하나'는 빠져 있다(-1). $e^{i\pi}$은 '하나가 빠져 있다(-1)'는 말을 돌려서 말한 허깨비 공식에 지나지 않는다. 그리고 이 우주 안에서 벌어지는 모든 일은 우연히, 어쩌다 그렇게 일어나는 것이지 필연성은 없다는 것을 증명하는 공식이기도 하다. i와 반복되지 않는 변수인 원주율 파이 그것이 e의 승수가 되어 빚어내는 음수인 -1, 거기에 더해지는 양수 +1, 그리고 그것들이 수렴해서 만들어지는 0점, 다시 말해 +, -, 1, 0, ∞, 이 다섯 가지 기호는 바꾸어 말해 음과 양, 존재와 비존재, 유무, 태극, 무한무극을 나타내는 상징적 기호로서, $e^{i\pi}+1=0$이라는 공식 아닌 공식은 형이상학적 함의를 지닌 존재론의 수학적 표현이라고 할 수 있다. 오일러 이후 실증과학의 반발로 철학, 특히 그 가운데 형이상학은 극단적으로 배척을 받는 처지에 몰리는 듯하지만, 도리어 이 공식에서 드러난 바와 같이 수학은 형이상학의 뒷받침이 없으면, 그 성과가 제논의 역설에서 보이는 바와 같이 무위로 돌아갈 수 있음을 강력히 시사함으로써 전통적 형이상학을 동서양에 걸쳐 복원하고 있음을 보여 준다.

맺는말

우리는 '하나1, 있음 바로 그것'와 '빔0, 없음 바로 그것'에 가까이 다가설수록, 그래서 '하나'와 '빔'에 맞닿는 것을 느낌으로 받아들일수록 믿음종교이 아룀이해, 깨달음, 인식에 앞선다는 것을 받아들이게 된다. 그래서 빛과 생명의 아버지 '하나님'을 믿거나 '모든 게 비었다일체개공'는 불교의 가르침 같은 종교의 교리를 따를 마음가짐이 생겨난다. 다우주multiverse와 하나인 우주universe에 대한 물리학적 논의나 수학적 모델은 소수에 지나지 않는 과학을 만능으로 여기는 사람들이 그저 잔재주나 부리는 짓에 가깝기 때문에 제껴 놓아도 된다. '하나님'으로 받들리는 '있음'과 '말짱 헛것'으로 여겨지는 '없음'은 이 우주의 삼라만상이 그 사이에 펼쳐지는 '두 축끝'이다. 그리고 이 두 끝에는 시간도 공간도 자리 잡을 틈이 없다. 그야말로 절대의 경지다. 그 사이에서 벌어지는 모든 사건은 그것이 거시세계에서 벌어지든 미시세계에서 일어나든 가릴 것 없이 그리매환영, 홀로그램, hallucination에 지나지 않는다는 말은 앞에서도 했다.

믿음에 머리를 숙일 것인가, 주어진 것을 그대로 받아들여 머리를 굴릴 것인가는 사람종자사피엔스에게는 '골라골라선택지'다. 그 어느 것도 고르지 않겠다고 고개를 젓는 사람은 '나 몰라불가지론자'라는 딱지가 붙는다. 어느덧 하루살이가 된 나 같은 늙은이는 그 어느 것이든 가릴 처지가 못 된다. '이런들 어떠하리, 저런들 어떠하리.' 마음 느긋이 하루하루 이것저것을 눈여겨보고 귀담아들으면서 저절로 이루어질 탈바꿈변신이나 이어질 흐름변화에 따를순응할 것이다. 그리고 이승에서 이 순간 느끼는 행복감이 저승에서도 이어질 것이라는 예감을 한다. 이만하면 되지 않은가? 뜻은 '하늘' 또는 '빔'에 맡기고 그 힘이 움직이는 대로 고분고분 고맙게 여기며 따른다는 것. 굳이 애달캐달 무엇인가 하려고, 해야 한다고 애닳아하지 않는다는 것. 되는 대로 살 때까지 살아간다는 것. 그리고 아쉬움 느끼지 않고 뿌듯하게 한살이를 마친다는 것. 이 우주의 역사 한 모퉁이에서 나 같은 현상이 일어날 수도 있다는 것. 이것이 '우주의 역사' 가운데 하나라는 것. 이것으로 내 《철학자가 본 우주의 역사》 한 자락을 끝낸다.

$e^{i\pi}+1=0$의 풀이

1

π는 이 한뉘라는 구슬(어떤 구슬이라도 좋다. 당구공이 될 수도 있고, 아이들이 가지고 노는 유리구슬도 될 수 있고, 베어링이 될 수도 있다)의 아무 데나 제멋대로 찍힌 점을 나타내는데, 그 점들은 저마다 이 구슬의 중심점이고, 이것은 속에 숨어 있는 하나의 중심점(0점)을 거쳐 그 점과 직선상에 있는 다른 제멋대로 찍힌임의의 점과 맞선다대칭을 이룬다. 둥그미원주는 2πr이다. *i*는 빈 수허수를 나타내는 '기호딱지'다.

$e^{i\pi}$은 '비어 있음(-1)'을 나타낸다. 그리고 '+1'은 '차 있음'을 나타낸다. 비어 있음-, 음, 그늘과 차 있음+, 양, 볕이 한데 모이면 없음(0)이 된다.

노자가 유무상생有無相生이라고 부른 것을 뒷날에 데카르트의 후예들은 이런 글자놀음과 꼴그림(⊙)을 거쳐 이 세상에서 가장 아름다운 공식이라는 이름을 붙인다. 놀이는 그냥 놀이일 뿐이다. 글자를 가지고 노는 것이나 그림을 가지고 노는 것이나 얼 속에 언뜻 비치는 얼룩을 가지고 노는 것이나 그게 그거다. 현생인류의 얼룩얼과 넋은 제자리에 머물 뿐 한 발짝도 더 내딛지진화하지 못하고 있다. 문명의 발전은 지층에 거의 눈에 띄지 않는 한 겹의 가느다란 지질학적 흔적으로나 남을 빈 그리매허상일 뿐이다. 문명과 기술 발전의 가장 두드러진 본보기를 들라면 나는 쓰레기 더미를 들겠다. 뭍에서는 산더미로 쌓이고, 바다에서는 떠다니는 대륙을 이룬 '물질적 폐기물'만을 이르는 말이 아니다. 뭇사람의 삶의 시간을 가차 없이 약탈하는 '정신적 폐허'도 이 쓰레기 더미에 속한다. 현세에 이르러 모든 놀이는 노름으로 바뀌었다. 돈이 되지 않는 놀이는 생산적이지도 않고 효율적이지도 않은 것으로 낙인이 찍힌다. 나는 끊임없이 몸과 손발을 놀리고 머리도 굴리지만, 한겨울 눈밭에서 일어나는 이 놀이는 이 세상에 아무런 도움도 되지 않는다. 그러나 고맙게도 아무런 해독도 끼치지 않는다.

2

$e^{i\pi}$은 -1을 가리키는 집합의 딱지다. 음수 -1과 양수 +1을

보태면 0이 된다. 이렇게 1과 0 사이에 등식이 성립된다. 이렇게 하나(1)와 꽝(0) 사이에 등식이 성립하면 우리의 의식은 못할 짓이 없다. 몸을 이루는 것이 (그것이 생명체이든 물질이든) 톨그리매corps image라면, 서로 떨어진 것으로 나타나는 이 톨들을 이어 주는 힘은 결에서 나온다. 톨그리매는 그리매일 뿐이고, 이 한뉘에 서로 동떨어져 있는 것은 없다. 모두 하나로 이어져 있다. 물질이든 생명이든 마찬가지다. 꼴그리매로 드러나는 톨들이 구드미고체로 보이는 것은 그것들이 따로 떨어져 있다는 생각에서 비롯된다. 그러나 따지고 보면 이 한뉘에 구드미는 없다. 모두 물렁이(그냥 쉽게 액체라고 하자)이고, 이 액체들은 한데 이어져 흐름을 이루는데, 이 흐름은 얼의식에 잡히지 않으므로 이 흐름을 잡아내려면 하나(1)를 내세워야 한다. 내가 9(3^2)를 9로 나눌 때 0.999…∞ 나머지를 하나(1)로 놓느냐 3^2으로 놓느냐에 따라 등식과 부등식의 갈림길이 나온다고 했을 때 하고자 한 말은, '1과 0하나와 둘을 갈라 세우는 것', '1도 아니고 0도 아닌 것', '무한변수로 일컬어지는 셋'이 플라톤의 《티마이오스》 편에서 'tauton같음, =, 하나'의 띠 안에서, 'heteron다름, ≠, 하나가 아니면서 없는 것(0)도 아닌 것'의 띠를 둘러 한뉘꽈리우주의 그리매를 빚어낼 때 우주 제작자데미우르고스, Demiurgos가 그렸던 그림에서 한 몫을 밝히려는 뜻에서였다.

저마다 따로 떨어져 몸을 이룬다고 여겨지는 것들. 켜켜이 기억 mémoire이 쌓이고 쌓여 마침내 사람의 얼까지 빚어낸다는 생각은 그 기억을 큰펑 big bang이나 그 이전까지 넓히지 않으면 뒷받침되기 힘든 생각이다. 0과 1 사이에서 흔들리지만, 힘함과 됨으로서 오므리기도 하고 부풀리기도 하는 이 흐름을 제대로 짚어 내지 못하면, 그것이 신경생리학이 됐건, 뇌과학이 됐건, 천체물리학이나 양자역학이 됐건 모두 반편이 과학에 지나지 않는다. (현대판 얼치기 음양 이론보다는 옛사람들이 펼쳤던 무극, 태극, 음양, 오행 이론이 훨씬 더 일관성 있어 보인다.)

0을 중심에 두고 음수, 양수, 허수, 복소수, 무한변수 들로 갈가리 찢겨 있는 수학과 그 뒷받침으로 간신히 제 몸을 가누는 물질과학으로는 제대로 된 형이상학을 세울 수 없다.

하나(1)이기를 바라되, 꽝(0)으로 모여 그 안에서 크고 작은 온갖 틀들뿐만 아니라 때시간와 데공간까지도 빚어낸다는 생각의 꽈리를 바늘로 콕 찔러 터뜨리는 데 $e^{i\pi}+1=0$이라는 이 아름다운 공식보다 더 좋은 공식은 없을지도 모른다는 게 내 생각이다.

3

겉으로 드러나 있지는 않으나 이 공식에는 기막힌 뒤집기반전가 숨어 있다. i가 e를 올라타면 마이너스를 나타내는 요술을 부린다는 것은 미루어 짐작할 수 있을 것이다. 그런데 거기에 π를 또 태운다는 건 무슨 뜻인가? 원주율 π를 이루는 모든 점(만일에 그것이 점으로 이루어져 있다면)은 그 모두가 하나하나 다 안의 한가운데 자리한 중심점 0으로 오므라들면서수렴하면서 둥그미원주의 바깥 중심점을 이루며, 고유명사다. 그 점과 바꿔치기할 어떤 점도 없다. 다시 말해 그 점에는 되풀이되는 수열이 없다. 그러면서 그 점들은 중심점 0을 지나는 다른 반지름 r과 맞선다(대칭을 이룬다. 요구조건은 180°라는 각도뿐이다). 원주의 π를 이루는 이 점들이 둥그미원주의 밖에 찍히면서 저마다 고유명사인 이 점들에는 빛과 그늘이 드리워진다(다시 말해 음수와 양수로 갈라선다).

$e^{i\pi}$음수 하나(-1)와 양수 하나(+1)가 그것이다. 이제 데카르트 좌표에 찍히는 수학적인 점들이 예외 없이 임의적(자의적이라고 해도 된다)인, 다시 말해서 제멋대로인 점이면서 그 모두가 하나(1)라는 바깥 테두리 점 안에서 저마다 꿈틀거리는 변수들에 지나지 않는다는 내 말이 이해될 것이다.

※ 9÷9(3^2÷3^2)는 1이 아니라 0.999…∞ 나머지 9라는, 내가 여러 차례 힘주어 했던 말을 돌이켜 떠올리기 바란다. 움직이지 않는부동의 상수 가운데 상수인 0과 그것을 중심으로 대칭을 이

루면서 저마다 제자리를 지키면서도 빛과 그늘에 젖어 있는 음수 -1과 양수 +1. 그리고 그 수가 하나(1)이면서 저마다 독자성 오직 하나됨을 지닌 고유명사이면서 천상천하에 유아독존인 점이기도 하다는 것을 잊지 않으면 데카르트의 좌표를 나타내는 그리매 image ⊙는 새로운 뜻매김이 될 것이고, 수학과 그것에 바탕을 둔 물리학은 앞으로 그 얼개를 다시 짤 수밖에 없을 것이다. 그리고 하나(1)이면서 꽉참 충만이 먼저냐, 아니면 힘으로만 뭉쳐 있는, 겉보기에 빔(0)이면서 그 안에 묘유 妙有를 갖추고 있는 없음 無이 먼저냐 하는 부질없는 논의는 사라지게 될 것이다.

4

오일러의 공식을 제대로 푸는 데에는 몇 가지 전제조건이 있다.

(1) 이 아름다운 공식은 데카르트의 좌표계를 전제한다. 다시 말해서 모든 수는 그것이 실수가 됐건, 허수가 됐건, 반복되는 유한변수들의 조합이 됐건, 반복되지 않는 무한변수가 됐건, 단순변수(0.111…∞에서 0.999…∞까지)가 됐건, 복합변수가 됐건, 소수가 됐건 데카르트의 좌표계에 펼쳐진다.

(2) 이 놀라운 공식은 그것이 음(-)의 영역에 있건 양(+)의 영역에 있건 하나(1)를 벗어나지 않는다. 다시 말해서 원주율을 드러내는 π에 찍히는 모든 점은 반지름을 나타내는 r에 수직이

다. 다른 말로, 둥그미원주의 겉점 π는 중심에 놓인 속점과 수직으로 대응한다는 전제가 깔려 있다. 내 눈에는 아주 이상한 선세로 여겨지지만, 어찌 됐거나 r의 중심점은 π의 바깥점과 90° 각도로 대응한다. (점 대응이 90° 각도를 이룬다? 이게 무슨 말이지?)

(3) 이 이상한 공식은 *e*라는 수학적 상수를 도입하여 그것을 *i*허수와 π 원주율에 제곱함으로써 하나를 뺀다(-1을 만들어 낸다). 이 수학적 묘수풀이에 따라 데카르트의 좌표계는 통째로 지워지고, 그에 따라 그 좌표계에 분포했던 모든 수도, 그것을 뒷받침해야 할 '군론Group Theory'도 가뭇없이 사라진다.

남는 것은 영(0)뿐이다. 일체개공一切皆空 (빛으로 드러나고 그늘로 사라지는 하나님은 없어지고 가득빈 님만 남는다?) 이 형이상학적 수학(?) 공식의 이과용 풀이는 눈여겨볼 만한 가치가 없다. 아무리 정교하게 풀이되었다 하더라도 그 귀결점은 같은 말 되풀이동어반복에 지나지 않기 때문이다. (들뢰즈의 절망은 여기서 비롯된다고 하면 지나친가? 차이difference가 반복repeatation을 넘어서서 실속이 아예 없는 그림자의 그림자, 꼴여윈 그리매simulacre가 되어 버리는 혼돈카오스 바로 그것자체이 드리워져 기댈 '데'나 '때'가 어디에도 없다는 것을, 다시 말해 플라톤의 같음tauton에서도 다름heteron에서도 삶의 근거를 찾을 수 없게 되어, 마침내 절망이 깊어져서 생을 스스로 마감하지 않았을까?)

내가 보기에 오일러의 공식은 수학의 무덤이다. 수학이 하나(1)를 잃으면 수학이 할 수 있는 일은 하나도 없다. 왜냐하면 하나(1)가 없어지면 하나(1)와 맞서는 없음無, 空, 0이라는 또 하나의 주연이자 상수도 없어져 1과 0의 연산으로 이루어지는 수 놀음과 거기서 비롯되는 의식의 기계화는 끝장을 보기 때문이다.

5

구슬(데카르트 좌표에서는 둥그미원)이 하나라면, 그리고 그 구슬이 가온중심점과 1대1로 이어져 있다면대응한다면, 그 구슬은 양자만큼 작든, 한뉘우주, universe만큼 크든 가리지 않고, 그 구슬의 겉갓에 찍힌 모든 점(다시 말해 둥그미의 테두리에 찍힌 점 하나 하나)은 1대1로 대응한다. 저마다 하나됨(독자성, 고유성, 자기 동일성 어떤 말로 불려도 된다)을 지니는 이 점들(π를 이루는 모든 점)은 이렇게 점대응을 함으로써, 왼-오른, 위-아래앞뒤, 안밖, 겉속로 1대1 대응을 함으로써 우리는 끝있음유한 속의 끝없음무한, 무한 속의 유한수열matrix을 얻는다. 0과 1(-1,+1)의 맞섬은 이렇게 0과 1의 대응을 이루고, 이 두 상수는 이 대응 가운데 헤아릴 수 없이 많은 상수들의 그림자가상, simulacre들을 빚어낸다. *e*자연상수도, 거기에 제곱되는 *i*허수와 π원주율도 이 가상simulacre의 상수다. 톨particle로 외따로 떨어져 있을 수 없는 하나하나를 이렇게 쪼갬으로써 하나가 빛과 그늘(+, -)로 갈라서고, 그것을 이어 주는 가온중심점이 없는 것(0)으로 드러나면, 우리가 보고 듣고 냄새 맡고 맛보고 살결로 닿는 모든 것은, 다시 말해 현상 세계는 구제받을 수 없는 혼돈카오스에 빠진다. 그리고 이 드러난 꼴현상은 수학적으로 증명된다.

오일러에 이어 칸토어가, 그리고 칸토어에 이어 갈루아가, 갈루아를 이어 괴델이 증명해 낸 이 진실reality을 현대 '아류 수학자'들은 인정하려 들지 않는다. 결wave로 이어져 있는 물렁이(말랑이라고 해도 된다. 모두 물에서 나온 말이다)를 하나하나 쪼개질 수 있는 구드미고체로 되돌려 놓아야환원시켜야 헤아림셈이 가능하고, 그래야 모든 것을 수치화numbering할 수 있기 때문이다. 사람의 머리통인간 의식이 수억, 수십억 년 동안 이어져 온 삶의 기억mémoire 가운데 무의식의 저쪽에 잠겨 있는 그 많은 것을 포기하고, 의식 속에 떠오르는 것들만으로 얽어 온 이 맘얼, 넋의 그리매image는 겉으로 저마다 하나를 이루는 것으로 보이는 몸이 다시 그 꼴을 잃을 때까지, 큰 결 속의 작은 결로 되돌아갈 때까지 사라지지 않을 것이다. 죽음으로써만 증명해 낼 수 있는 이 흐름을 우리는 그냥 한뉘의 삶결이라고 부르자. 무한소끝없이 작은 것와 무한대갓없이 큰 것는 같은 것의 다른 이름이다.

아인슈타인이 반쪽짜리 하나빛으로 드러난 하나나마 지켜 내려고 그렇게 애를 썼건만, 그 하나마저 허상simulacre이었다.

6

수학자들이 놓치고 있는 사실이 있다. 그것은 데카르트가 좌표를 그린 뒤에 모든 수는 그 좌표계 안에 갇혀 있다는 것이다. 그리고 그 좌표계는 밖으로 무한히 확장될 수 있는 무한공간을 전제로 그려진 것이 아니라 오일러가 밝히고 있듯이 1(그것이 +로 드러나건 -로 드러나건)이 반지름이 되어 테두리를 이루는 π에 접촉tangent하는 1 나누기 9에서 9 나누기 9에 이르는 서로 다른 무수한 수열들 가운데 어느 하나라는 것이다. 앞에서도 이야기했듯이 둥그미원에 찍히는 테두리점은 저마다 고유한 하나(1)로서 다른 어떤 점과도 견주어질 수 없는 독자성을 지닌 점이자 반지름을 통해서 0과 대응하는 점이다. 다시 말해서 그것이 그늘 속에 있든(-1), 빛 속에 있든(+1) 1은 하나의 극한점으로 다른 극한점인 0과의 관계 속에서 온갖 수들의 그물matrix을 짜 나간다. (이 그물에는 공간의 크기도 시간의 잇달음지속도 걸리지 않는다.) 따라서 데카르트 이후로 오늘에 이르기까지 (오일러만 빼고) 모든 수학자, 물리학자, 수리논리학자, 철학자들은 망통에 빠져 있다. (칸토르도, 갈루아도, 괴델도 예외가 아니다.) 0과 1을 뺀 그 어떤 수도 상수가 아니라는 것을 오일러도

놓쳤다. 그래서 e를 자연상수로 놓고 그것에 수치까지 주었는데, e는 자연상수가 아니라 1이 그늘 속에 숨어 있을 수도 있다는 것을 상징하는 변수 가운데 하나일 뿐이다. 0을 중심점으로 1의 테두리 안에 있는 모든 수는 변수에 지나지 않는다. 확률적으로 무한히 1에 가까운 수, 다시 말해서 0.999…∞ 뒤에 오는 수라도, 그것이 1이 아니라 9라면, 그것은 변수일 뿐 상수가 될 수 없다.

모든 수는 크든 작든 그 안에 힘을 숨기고 있으므로 (열역학의 법칙이 수치로 드러나고, 관성의 법칙이나, 중력의 법칙 같은 물리법칙을 수량화할 수 있는 것도 따지고 보면 이 때문이다) 결국 0과 1, 그리고 그 사이에 있는 수들은 힘으로 환원된다. 미는 힘과 끄는 힘, 퍼지미확산되는 것로 드러나는 힘과 오므라미응축되는 것으로 드러나는 힘, 하는 힘과 되는 힘…… 이 힘들의 밀당밀고당김이 모든 움직임운동의 바탕을 이룬다. 이 한뉘우주 안에 흐르지 않는 것은 없다. 우리는 그 흐름을 크게 통쳐서 결wave이라고 부른다. 결이 스미지 않은, 또는 않는 톨particle은 없다. 수들도 바람에 춤을 춘다. 시대의 흐름에 따라 이리저리 흔들리고 춤추는, 수치로 딱지가 붙는 저 무수한 등식들이 보이지 않는가?

7

이번에는 90° 각운동을 다룰 차례다. 데카르트의 좌표에서 π로 표시되는 둥그미에 찍히는 점들은 X축과 Y축을 중심으로 이 좌표의 가온중심에 있는 0점을 에워싸고 90° 각운동을 하는 것으로 되어 있다. 먼저 각운동을 하기 전에 기본좌표가 어떻게 나뉘는지 그림으로 그려 보자.

이 그림에서 수평을 이루는 것은 X좌표, 수직을 이루는 것은 Y좌표다. 그리고 I의 영역은 수평으로나 수직으로나 양수가 분포해 있는 곳이다. 그리고 II의 영역은 수평으로는(X축으로는) 양수가, 수직으로는(Y축으로는) 음수가 분포해 있는 곳이고, III의 영역은 수평으로는 음수가, 수직으로는 양수가 분포해 있는 곳이다. 그리고 IV의 영역은 수평으로나 수직으로나 음수가 분포해 있는 곳이다. 0점을 축으로 이 영역들은 90° 각운동을 할 수 있는데, 이 각운동은 시계 방향으로 일어날 수도 있고 반시계 방향으로 일어날 수도 있다. (꼭 어느 방향으로 각운동이 일어나야 한다는 필연성은 없다.) 어느 쪽으로 일어나든 한번 각운동이 시작되면 원상(?)으로 복귀(?)할 때까지 90° 각운동은 저마다 네 차례, 모두 여덟 차례 일어난다. 한번 각운동이 일어나면 각운동 이전과 이후에 음수계와 양수계에는 지각변동이 일어난다. 이것을 X축과 Y축의 변환variation이라고 부르자. 겉으로 보기에 단순한 축의 변환은 각각의 영역에 고정되어 있는 것으로 여겨지던 수체계에 엄청난 혼돈카오스을 불러일으킨다. 그리고 이 혼돈은 크게 여덟 차례에 걸쳐 일어난다. (π에 찍힌 점의 관점에서 보면 이 둥그미 외곽점 하나에서 다른 하나로 이동할 때마다 생기는 혼돈은 기하급수로 커진다.) 여기에서 내가 왜 '원상'에도, '복귀'에도 의문표(?)를 달았는지 곰곰이 곱씹어 보기 바란다. π를 이룬다고 여겨지는 점들은 저마다 다른 점으로 환원될 수 없는 고유한 점이자 천상천하유아독존인 유일한 점이어서 서로 이어질 길이 없는 이 점들은 중심축인 0에만 r을 통해서 대응하는데, π의 점들과 마찬가지로 0에도 크기가 없다. 따라서 여기에서 가정되는 r도 그림자의 그림자simulacre일 뿐이다.

이제 '양자요동'과 '적색편이'가, 가장 작은 톨이라고 여겨지는 것과 가장 큰 톨이라고 여겨지는 것이 어떤 난점에 부딪히고 있는지 느껴지는가? 이제 우주의 살결이 손끝에 느껴지는가? 주류 학설에 따르면 물질세계는 137억 년 전에 큰펑빅뱅이 일어난 뒤에 생겨났고, 때데시간과 공간도 이 폭발과 함께 생겨났다(고 한다). 그러나 몸맘mind-body이 어우러져 이루어 낸 얼넋의 세계는 아직도 미궁이다. 칸토어도, 갈루아도, 괴델도 이 미궁에서 길을 잃었다(는 것이 내 생각이다).

$e^{i\pi}+1=0$. 오일러가 세운 이 아름답고, 놀랍고, 신비로운 공식은, 그것이 빛의 영역으로 떠올랐건, 그늘 속에 묻혀 있건 아랑곳없이, 다시 말해 1이 음수로 표시되든 양수로 표시되든 상관없이, 그 결과는 꽝(0)이라는 것을 증언한다. 이 공식에 따르면, 그것이 자연수이든, 실수이든, 허수이든, 소수이든, 복소수이든, 무한수이든, 유한수이든, 무한 속의 유한수이든, 유한의 울타리 속에 있는 무한수이든, 어떤 수도 실재하는 세계의 잣대로 쓰여서는 안 된다.

수학자의 눈

수학자가 보기에 하나(1)님은
겉으로, 위로, 오른쪽으로, 앞으로
수컷으로 드러난다.
그러나 속으로, 아래로, 왼쪽으로, 뒤로 보면
암컷임에 틀림없다.
암수가 때로는 딴살림
때로는 한살림을 차리고 있는
보태고 빼고 나누고 곱하는 가운데

암수 한몸, 암수 딴몸,
암컷이자 수컷인 놈
암컷도 아니고 수컷도 아닌 년이
아무 데서나 나딩구는 저
어두컴컴한 곳에서 무슨 일이
일어나는지, 벌어지는지 그들은 모른다.
모든 것이 등식으로 표현되고
오차가 없는 엄밀과학Strenge Wissenschaft이
하나님들을 90° 각도로
허리 꺾게 하고, 갈라 세우고
드디어 꽝(0)이 되게 하는
징검다리는 데카르트가 놓고
오일러는 그조차 없애 버렸다.

그래서 어떻게 되었느냐고?
근현대의 수학자들은 너나없이
청맹과니가 되었지 뭐
우리말로 하면 눈뜬 당달봉사
그런데 그 눈에도 오일러의 등식
$e^{i\pi}+1=0$은 가장 아름다운 공식이다.

마더 테레사의 하나님은 한 번도 빛 속에 드러난 적이 없었다. 그이는 늘 그늘 속의 하나님이었고, 어둠에 잠겨 있었다. 그분은 늘 빠진 하나님(-1)이었고, 없는 하나님이었다. 테레사는 하나님(1)의 부름을 받아 이 세상에서 가장 가난한 이들이 득실거리는 인도의 콜카타로 갔다. 거기에서 테레사가 본 그늘진 삶은 하나님의 역사力使가 아니었다. 어떻게 해서 빛과 생명의 하나님이 이런 삶을 보고도 역사役事하지 않을 수 있단 말인가. 마더 테레사는 절망하고, 그 절망 속에서 그늘진 하나님의 또 다른 얼굴을 보았다. 그리고 거기에 순응했다. 그 모습도 하나님의 얼굴인 것을…….

오일러도 결 다른 하나님들을 보았다. 빛에 드러난 하나(+1)님, 그늘에 잠긴 하나(-1)님, 그이들을 한데 모아 힘함과 됨의 중심이 된 그 무엇을 찾아냈다. 강력, 약력, 전자기력으로 통합된 하나님(+1)이 다른 하나(-1)과 만나 죄다 그 힘에 빨려드는 꼴을 보았다. 그리고 그 꼴을 이 세상에서 가장 아름다운 공식, 오일러의 항등식으로 그려 냈다. 있는 것to on은 하나(1)와 같은 것tauton이다. 다시 말해 '있는 것'은 하나(1)다. 하나(1)가 없으면, 하나(1)도 없다. 있는 것이 없다. 다 빠졌다. 하나(1)와 다른 것heteron은 없는 것(0)이다. 그러나 없는 것은 하나(1)가 아니고, 그렇다고 몽땅 다 빠져 버린 것(0)도 아니다. 다른 것은 저마다 결이 다르다. 거의 0에 가깝게 빠질 수도 있고, 거의 1에 가깝게 차오를 수도 있다. '없는 것이 있다'는 그래서 '빠진 것이 있다'는 말로 바꿔칠 수 있다. 빠지는 것에는 정도grade의 차이가 있다. 그 정도가 다른 그 어느 것과도 일치하나로 감되지 않아 저마다 고유명사로 남는 π가 되는 것도 있고, 3^2(9)으로 나누면 끝없이 되풀이되는repeat 같은 수number가 나타나는, 1에서 0까지의 수열도 있다. 차이다름와 반복 같음의 되풀이. 이것을 보통사람들은 '닮았다', '안 닮았다'로 뭉뚱그린다. 힘으로서 '함'과 '됨'은 서로 다른 두 끝자락이다. 0에도 힘이 있고 1에도 힘이 있다. 그러나 빛과 그늘(+1과 -1)로 갈라서는 하나(1)보다는 어떤 경우에도 갈라섬이 없는 빔(0)에 더 큰 힘이 실린다. '가득빔'은 '한참'보다 더 쎄다. 빈 그릇이 가장 큰 그릇이다. 한뉘우주는 비어 있어서 때시간도 데공간도 그 안에 담긴다. 결을 이룬다. 결을 이루어 흐른다. 톨에 눈길을 뺏기지 마라. 90° 각도에 홀리지현혹되지 마라. 90° 각도는 빈꼴 그리매허상이다. 어떤 것도 그렇게 꺾어지지는 않는다.

8

풀이 7에서 그치려고 했다. 수학자들이 가장 아름답게 여기는 이 공식에 먹칠하고 싶지 않았기 때문이다. 그러나 내 안에서 누군가 부추긴다. '내친김에 끝장내.' 얼핏 수식으로 보이는 오일러의 이 항등식은 수식이 아니다. 이것은 수학의 얼굴을 한 '형이상학적 괴물'이다. 밑자락은 데카르트가 깔았다. 좌표의 중심에 놓인 0은 단순한 수치가 아니었다. 그것은 '자본돈'이었다. 그리고 X축을 따라 그 자본은 무한히 증가할 수도 감소할 수도 있었다. (X축이 좌우로 열린 까닭이다). Y축은 '경기변동' 나타내는 축이었다. 그러나 X축이 좌우로 열려 있는 데 반하여 Y축의 하반신은 잘려 있다.

그래도 자본의 변동을 나타내는 데에는 I과 III의 영역만으로 충분했다. (뉴턴이 관성과 중력의 법칙을 수립하고, 미적분을 도입하여 그 편차를 줄일 만큼 줄였다. 알고 보면 '전쟁 용도'로 쓰이는 포물선을 그려 내는 데도 이 영역만으로 모자람이 없었다.) 그러나 천체물리학이 발달하고, 양자역학이 나타나면서 상황은 급변하는데, 이 사태에 직면하면서 차츰 새로운 수론이 필요해졌다. (오른쪽으로 왼쪽으로, 그리고 위쪽으로 무한히 열린 공간은 닫혀야 했다.) 이 닫힌 공간의 가능성을 오일러가 열었다. 오일러는 데카르트의 좌표를 1 안에 가둠으로써 그 목표에 한 걸음 다가섰다. (이것은 '대담한 형이상학적 시도'라고 볼 만하다.) 가장 작은 영역에서 일어나는 '양자요동'도, 가장 큰 영역에서 일어나는 '우주팽창'도 이 도식으로 구제할 수 있다는 희망이 생겨났다. 여기저기(수학계와 물리학계, 어쩌면 종교계와 생명과학계에서도) 탄성이 쏟아졌다. 이 항등식(?)을 수식으로 고정시키려는 시도가 그 이후로 지속되었다. (발판은 이미 오일러 자신이 마련했다.)

자, 여기서부터 노망한 늙은이의 헛소리가 시작된다. 아니, 별안간 웬 π야? 이게 초코파이야? 사인, 코사인, 탄젠트. 이게 무슨 개소리야? 하나(1)가 꽝(0)으로 둔갑하는데 왜 0과 수직을 이루는 90° 각도의 접선이 필요해? 점으로 오므라든 1은 0점과 만날 때맞부딪힐 때 r도 π도 다 버려야 돼. 그냥 '점'일 뿐이야. 찬점(1)이든 빈점(0)이든 점이긴 마찬가지야. 크기가 없어. 그래서 1이고 0이야. 찬점과 빈점이 맞부딪히면 '꽝' 터진다고? (빅뱅이 일어난다고?) 야바위놀음 좀 그만해. e가 상수라고?

$e^{i\pi}$을 버무리면 -1이 초코파이 빚어지듯 저 하늘에서 뚝 떨어진다고? 수학자나 물리학자의 머릿속에서 빚어지는 형이상학은 죄다 겉보기만 그럴듯한 가짜 형이상학이야. 이들의 머릿속에는 알게 모르게 돈과 쌈박질밖에 없어. 그런데 자기들이 자본과 전쟁의 하수인이 되고 있다는 걸 아무도 인정하려 들지 않아. 입에서 신물이 올라오도록 몇십 년을 두고 줄창 말했잖아. '있는 것이 없다'는 말은 '하나도 없다'는 말이고, '없는 것이

있다'는 '빠진 것이 있다'는 말이고, '없는 것이 없다'는 '다 있다'는 말이라고. 저 녀석들(물 건너 서쪽에 있는 것들)은 그리스 시대에서부터 여지껏 '있다'와 '이다'를 가려보지 못해서 걸핏하면 얼빠진 소리, 넋 나간 소리를 '참'과 '거짓'으로 나누고, 그 알량한 동일률, 모순율, 배중률에서 한치도 벗어나지 못하고 있다고……. 됐어, 됐다고. 이제 그만 주둥이 닫을게.

이 땅별에서와는 달리 내가 온 별에는 수학자나 물리학자 같은 직업군이 없다. 뭇산이들이 모두 춤추고 노래한다. 꼴은 취향에 따라 그때마다 멋대로 바꾼다. 몸 따로 맘 따로인 것은 없다.

지금까지 오일러의 공식을 풀이했다. 여기에서 그칠까 한다. 덧붙일수록 내 무식함이 도드라질 테니까. 나는 내 풀이가 옳다고 여기지 않는다(아마 옳지 않을 것이다). 그래도 이렇게 밀어붙인 까닭은 이 글을 읽을 사람들의 얼넋에 조그마한, 그러나 즐거운 상상사랑의 놀이마당을 열어주고 싶은 마음에서다.

추천하는 말

'모롬사랑'이란 말씀에 귀가 번쩍

변택주(꼬마평화도서관사람들 바라지이)

큰펑 빅뱅, big bang은 없었다.

우주는 살아 있다.

이 우주 안에서 일어나는 일에 '반드시필연'는 없다.

시간과 공간은 우연의 산물이다.

스스로는 움직이지 않으면서 다른 것들을 움직이게 하는 것은 우주 안에는 없다.

다 상식을 흔드는 드잡이다. 철학은 올바른 가치관으로 더 나은 세상을 꿈꾸면서 사람답게 살 수 있도록 길을 비추는 등대 같고, 형이상학은 철학을 받치는 주춧돌이자 뼈대라던 말씀 바탕에서 나온 《철학자가 본 우주의 역사》는 《있음과 없음》, 《철학을 다시 쓴다》, 《꽃들은 검은 꿈을 꾼다》, 《꿈꾸는 형이상학》을 잇는 아롬사랑철학이다. 아울러 "나는 모든 것을 원자나 분자 같은 물질 단위로 환원시키려는 근현대 과학의 관점을 받아들일 수 없다. 그래서 근대과학과 그것을 뒷받침하는 온갖 가설들을 아낌없이 버리고, 처음부터 '땅과 불과 물과 바람(지수화풍)'의 역사를 다시 쓰려고 한다. 살아 움직이는 크나크신 님에게 옛 영광을 돌려드리고 싶다."(《꿈꾸는 형이상학》 본문에서)라는 다짐과 아롬사랑철학은 그릇된 현실과 그 그릇된 현실에 바탕을 둔 그릇된 앎을 비판하고, 바른 삶과 그 바른 삶을 뒷받침하는 바른 앎에 이르고자 애쓰는 일 곧 참된 앎진리에 대한 사랑이라고 흔들며, 바른 철학의 역사는 비판의 역사(세상은 물음표로 가득 찬 것 같아요)라던, 뜻이 오롯한 열매이다.

윤구병 선생은 《철학자가 본 우주의 역사》에서 지난 기억에 기대는 과학, 믿음만으로는 앞날을 점칠 수 없으며, 믿음이 사랑(미래에 대한 상상력)으로 이어지는 삶의 고리가 든든할 때, 다시 말해서 있을 것이 있을 때, 있을 데에 있고, 없을 것이 없을 때, 없을 데에 없는 조화로운 삶이 지켜질 때 우주의 앞날이 밝을 수 있다고 말한다. 여기서 말하는 '사랑'은 '언해불전'에서 건져 올린 낱말로 '생각'에 맞서는 말이다. 요즘 우리는 지난 일을 떠올리는 것이나 앞일을 꿈꾸는 것을 다 아울러 생각이라고 하지만 옛사람들은 '생각'은 지난날 겪은 일을 떠올리는 것을,

'사랑'은 겪어 본 적이 없는 앞날을 어떻게 헤쳐 나가야 할지 꿈꾸는 슬기를 일컬었다. 이 사랑 바탕에서 온 누리가 삶의 터이자 흐름이고 모든 흐름은 이어져 있다고 흔드는 이 책에서 놓쳐서는 안 될 것이 '어둠'이다.

> 그러나 빛의 역사가 있으면 어둠의 역사도 있다. 우주의 역사에서 돌들의 역사가 먼지 알갱이 크기라면 어둠에 잠긴 빈터우주 공간의 역사는 바다처럼 크다. (본문 13~14쪽)

빛만을 좇으며 살아온 우리에게 낯선 말이다. 윤구병 선생은 《꽃들은 검은 꿈을 꾼다》에서 "어떤 것도 저에게 있어야 할 것, 받아들여야 할 것을 마다치 않는다. 되쏘지 않고 고즈넉이 받아들인다. 꽃들이라고 해서 다르지 않다. 받아들이는 빛깔이 되쏘는 빛깔보다 훨씬 많다. 받아들인 빛깔은 감추어진다. 어둠에 잠긴다. 속살을 이룬다."면서 검인 하늘은 뭇 별들을 죄다 끌어안고 있다, 햇빛이 들지 않는 깊은 바다도 검다, 그 너른 품으로 온갖 물고기들을 품고 있다, 땅속도 마찬가지다, 살아 있는 모든 것들의 잠과 꿈을 끌어안고 있는 '밤'이라고 다르겠느냐며, 빛 바라기만 하는 우리에게 어둠에 잠긴 속살을 놓쳐서는 살림살이가 아니라고 드잡이한다.

이름이 널리 알려진 판타지 작가 어슐러 K. 르 귄도《어둠의 왼손》에서 “빛은 어둠의 왼손, 어둠은 빛의 오른손, 둘은 하나, 삶이며 죽음이다. 사랑을 나누는 연인처럼, 맞잡은 손처럼, 결과가 과정인 것처럼.”이라고 했다. 그러나 윤구병 선생은 우주에는 어둠이 99.999…∞라며 한술 더 뜬다. 온통 어둠으로 둘러싸여 있다는 말이다. “겉에 드러나는 것몸은 속을 감추고 있다. 겉것과 속빔이 하나인 결에 눈길을 돌리는 까닭이 여기에 있다.”라며, 우리는 것과 빔 곧 겉과 속이 하나인 결 가운데 하나라고 흔든다.

여든을 훌쩍 넘긴 늙은이가 책을 펴내는 까닭이 어디에 있을까? 그리움 때문이다. 선생은《아픈 데 마음 간다는 그 말》에서 “석가는 깨우치는 순간 중생에 대한 미칠 듯한 그리움에 사로잡혔다. 따라서 보리수 아래서 깨우친 것은 참으로 깨우친 것은 아니었다. 그것이 깨우침이었다면 이제까지는 혼자서도 살 수 있을 줄로만 생각했는데 이제부터는 죽어도 혼자서는 살 수 없다는 사실에 대한 깨우침이었다. 사랑이란 궁극적으로 ‘너 없이는 못 살아.’라는 느낌이다.” 하고 짚는다. 석가가 품은 마음을 빌려 털어놓은 사랑 고백일 테다.

“대자연은 새에게 부리와 날개를, 짐승들에게는 억센 이와 빠른 발을 주었으나, 사람에게는 말과 생각하는 힘을 주었다. 말은 생각과 함께 태어난 한배 자식이다. 생각이 담기지 않은 말은 지저귐이나 으르렁거림이고, 말로 엮이지 않은 생각은 생각이 아니라 막연한 느낌일 뿐《눈 먼 뱃길》."이라면서 "우리 민족의 사상을 제대로 파악하려면 우리 민중이 일상에서 쓰는 말에 담겨 있는 생각 결과, 느낌 갈피를 잡을 수 있어야 한다《사람 사는 세상은》."라고 흔들던 윤구병 선생이 '감돌이응집', '맴돌이공전', '제돌이자전', '휘돌이확산', '붙박이별항성', '다님별행성'처럼 쉽게 알아들을 수 있는 우리말로 살아 움직이는 '한뉘우주'를 풀어낸 이 책에서 가장 마음에 드는 말은 이것이다.

이제까지는 아롬사랑만 사랑을 앞세웠다. 그러나 조금씩 모롬사랑이 여기저기서 움트고 있다. '아니까 사랑한다'가 아니라 '모르니까 사랑한다'로 바뀌고 있다. 처음부터 그래야 했다. 그러나 생각이 앞섰고, 그 생각이 지나쳐서 사랑을 업수이 여겼다. 그러나 아롬사랑철학, philosophy이 물리·수학에 주춤주춤 밀려나 수학자나 물리학자가 형이상학을 물질과학으로 둔갑시키면서 소크라테스의 모롬사랑('나는 내가 무얼 모르는 것만은 안다')을 깔아뭉개고 엉터리 형이상학을 정밀과학으로 내세우면서 한때 철학은 설 자리를 잃었다. 그러나 다시 모롬이 전 우주적 시공 속에서 차츰 윗

자리를 차지하게 되는 때를 맞았다. 이것이 나에게 전해지는 우주의 봄소식이다. 나이 여든에 맞는 봄, 꽃샘추위를 감추고 있어도 봄은 봄이다. 용트림 트는 봄, 봄 트는 날의 아픔, 겨울눈이 한꺼번에 뜰 적에, 칼바람 속에 연초록, 연분홍 봄이 눈을 뜬다. (본문 139~140쪽)

더듬더듬 《철학자가 본 우주의 역사》를 훑으며, 모를 것투성이라 우물쭈물하던 내가 '모롬사랑'이라는 말에 귀가 번쩍 뜨였다. 모로매, 모롬즉, 모두 옛 어른들이 쓰던 '모름지기'라는 말이다. 요즘 사람들이 '마땅히'라고 받아들이는 '모름지기'를 '모르긴 몰라도'라고 여기며 모름을 지켜야 한다는 말로 받아들인다. 아차! '없는 것이 없다'는 말이 '다 있다'는 말인데, '모르긴 몰라도'란 말이 '다 안다'는 말은 아닐 테지?

책을 덮으며 머릿속을 떠나지 않는 것은 구슬에 있는 점들은 다 중심이라는 말이다. 땅별지구에 있는 것들은 '다 가온중심에 있다는 말이구나.' 싶어 뭉클했다. 둥글뿔원뿔 이야기를 훑으며 《철학을 다시 쓴다》에 나온 말씀도 떠올랐다. 윤구병 선생은 땅에 서 있는 둥글뿔을 두께도 부피도 없는 칼로 가로를 나란히 자르면 잘린 위와 아래가 같을까 다를까 하고 묻는다. 두

께와 부피가 없는 칼로 잘랐으니 같지 않을까 하고 생각하는 순간, 그렇다면 둥글뿔이 아니라 둥근기둥이 될 수밖에 없지 않겠느냐고 했다. 다르다고 하면 겉이 매끄럽지 않고 우둘투둘한 계단이 되지 않겠느냐며 흔들었다. 같지도 다르지도 않고, 이지도 아니지도 않고, 있는 것도 아니고 없는 것도 아닌, 규정할 수 없다고 말하면서 우리가 왔다 갔다 할 수 없는 지점, 그게 실제로 우리 살림존재 조건이라고 했다. 거듭 훑어도 아리송한 이 말씀에서 부처님 이름 가운데 하나인 '여래'를 떠올린다. '같을 여'에 '올 래'이니 '온 듯'하다는 말씀이다. 부처가 온 듯할 뿐 자취 없다는 말이다. 그러니 우리가 삶이라 여기는 것도 산 듯 만 듯, 죽음 또한 죽은 듯 만 듯하다는 소리가 아닐까? 여기에 기대어 생각하면 쉬운 우리말로 풀어낸 《철학자가 본 우주의 역사》도 알 듯 말 듯 하다고밖에 할 수 없을 터이니, 암만 읽어도 모를 것투성이라 갸웃거리는 까막눈인 나도 빠져나갈 길이 생긴다.

남 주려고 배운다는 윤구병 선생이 내디디는 걸음걸이는 중도, 가온거님이다. 중도는 시소 한쪽이 기울면 높은 쪽을 끌어내려 고르게 하는 것이라고 말하는 선생 눈길에는 구불구불 흐르는 물길은 닿는 곳마다 살리려고 굽이치는 가온거님이다. 불교에서 으뜸가는 깨달음을 일컫는 '나누다라삼먁삼보리'를 '더할 나위 없이 바로 고른 바른 깨달음'이라고 푸는 선생은 '고르다'라는 말에는 땅을 반반하게 고른다는 뜻과 잘 여문 씨앗과 그렇지 못한 씨앗을 가려 고른다는 뜻이 담겼다고 했다. 반반하게 고른 땅에 잘 여문 씨앗을 뿌려 거둔 낟알을 모두가 고루 먹을 수 있도록 나눠 살리어 살지 못한다면 바른 가온거님, 옹근 살림살이가 아니라는 말씀이다. 한결같이 가온거님 하는 선생을 '으라차차영세중립코리아'와 '꼬마평화도서관'을 함께 하는 사람들은 '평화모니'라고 부른다. 굽이치는 물길처럼 고비고비 구비구비 이어 온 이 사랑은 어디까지 이어질까? 선생은 지난해, 목숨이 조금 더 붙어 있다면 잘 벼린 '우리 옛말 사전'을 펴내고 싶다고 했다. 부디 이 책도 세상에 나와 살림살이에 큰 보탬이 되는 우리 말길이 펼쳐지기를 빈다.

이 책에 나오는 사람들

가모프(George Gamow, 1904~1968) : 러시아 출신의 미국 천문학자. 우주가 수십 억 년 전에 한 점에서 폭발하여 팽창하기 시작했다는 대폭발 이론을 주장했다.

갈루아(Évariste Galois, 1811~1832) : 프랑스의 수학자. 고작 스무 살의 나이로 요절했지만, 그가 생전에 정립한 군론(Group Theory)은 대수학의 기초가 되었다.

괴델(Kurt Friedrich Gödel, 1906~1978) : 오스트리아 출신의 미국 수학자. 불완전성 정리를 발표하여 현대 논리학과 수학에 새로운 시야를 제공했다. 괴델의 불완전성 정리는 그동안 많은 수학자들이 꿈꿔 왔던 완전한 수학 체계의 구성을 그 근본부터 부정한 것이다.

노자(老子, 기원전 6세기경) : 중국 춘추 시대의 사상가. 사람들에게 인의와 도덕에 구애되지 말고 만물에 깃든 도(道)를 추구하며 무위자연의 삶을 살라고 가르쳤다. 저서로는 《도덕경》이 있으며 도가의 창시자로 불린다.

뉴턴(Isaac Newton, 1642~1727) : 영국의 물리학자, 수학자, 천문학자로 역학의 체계를 확립한 근대 과학의 시조이다. 《자연철학의 수학적 원리프린키피아》는 뉴턴의 물리학 체계를 집대성한 명저이다.

데모크리토스(Democritus, 기원전 460?~기원전 370?) : 고대 그리스의 철학자. 모든 사물은 원자로 이루어져 있으며, 세계는 원자들과 공간으로 이루어져 있다고 주장하였다. 그리고 원자들이 합쳐지기도 하고 떨어지기도 하면서 자연의 모든 변화가 일어난다고 하였다. 그의 원자론은 에피쿠로스와 근대 물리학의 발전에 영향을 끼쳤다.

데카르트(René Descartes, 1596~1650) : 프랑스의 철학자, 수학자, 과학자. 근대 철학의 아버지, 해석기하학의 창시자로 불린다. 《방법서설》에서 '나는 생각한다, 그러므로 존재한다Cogito ergo sum.'는 명제를 '자율적이고 합리적인 주체'의 근본 원리로 제시하였고 데카르트 좌표를 만들어 대수와 기하를 통합했다.

들뢰즈(Gilles Deleuze, 1925~1995) : 프랑스의 철학자. 들뢰즈의 모습은 크게 두 가지로 나뉜다. 하나는 스피노자, 라이프니츠, 흄, 칸트, 니체, 베르그송, 푸코, 프랜시스 베이컨을 재해석하는 '철학사가'의 모습이고, 다른 하나는 신체, 차이, 감각, 사건, 정신 분열, 반복, 영화 같은 여러 방면의 개념들을 무한 질주하는 '생성 철학자'의 모습이다.

러셀(Bertrand Russell, 1872~1970) : 영국의 수학자, 논리학자, 철학자. 화이트헤드와 함께 《수학 원리》를 저술하여 수리논리학의 성립에 공헌하였으며, 저술 활동을 하면서 반전 평화 운동에 적극 참여하였다.

루크레티우스(Titus Lucretius Carus, 기원전 99~기원전 55) : 고대 로마의 시인, 철학자. 에피쿠로스의 철학을 담은 서사시 《사물의 본성에 관하여De rerum natura》를 남겼다. 루크레티우스의 목표는 자연에 대한 올바른 인식을 통해 두려움을 물리치고 종교를 참된 철학으로 대체하는 것이었다.

마더 테레사(Saint Teresa of Calcutta, 1910~1997) : 인도에서 활동한 사회 운동가. 가톨릭 수녀로서 인도의 콜카타 지역에서 가난하고 병든 사람들을 위해 봉사한 공로로 노벨 평화상을 받았다.

멘델레예프(Dmitri Ivanovich Mendeleev, 1834~1907) : 러시아의 화학자. 원소들이 가진 규칙성에 따라 원소들을 나열한 표인 주기율표를 처음으로 만들었다.

박홍규(1919~1994) : 한국의 철학자. 서울대학교 철학과 교수를 지냈으며, 플라톤 철학과 베르그송 철학을 주로 연구하여 서구 형이상학의 근본 문제, 특히 존재와 생성의 문제와 관련하여 독자적인 해석과 통찰을 펼쳤다. 대표 저서로 〈박홍규 전집〉 다섯 권이 있다.

베르그송(Henri-Louis Bergson, 1859~1941) : 프랑스의 철학자. 이른바 과정 철학 또는 생성의 철학으로 불리는 현대 철학 사조의 선구자로 평가받는 베르그송은 플라톤으로부터 이어지는 서양의 전통 형이상학을 개혁함으로써 화이트헤드와 들뢰즈를 비롯한 20세기 존재론에 두루 영향을 미쳤다. 《물질과 기억》, 《창조적 진화》, 《도덕과 종교의 두 원천》 같은 저서가 있다.

부처(佛陀, 붓다) : 산스크리트어로 '깨달은 자', '눈을 뜬 자'라는 뜻으로, 불교에서 깨달음을 얻은 사람을 부르는 말이다. 석가모니는 누구나 부처가 될 수 있다고 선언하였으며, 부처가 되는 것을 성불(成佛)이라 한다. 깨달은 자는 누구든 부처라고 할 수 있지만, 보통은 불교의 창시자인 석가모니(Siddhattha Gautama, 기원전 560?~기원전 480?)를 가리킨다.

소크라테스(Socrates, 기원전 470?~기원전 399) : 고대 그리스의 철학자. 소크라테스는 생전에 아무 저술도 남기지 않았으며 그의 사상은 대부분 제자인 플라톤의 저술을 통해 알려졌다.

아리스토텔레스(Aristoteles, 기원전 384~기원전 322) : 고대 그리스의 철학자. 플라톤의 제자이며 알렉산드로스 대왕의 스승이다. 물리학, 형이상학, 시학, 생물학, 동물학, 논리학, 수사학, 정치학, 윤리학 등 다양한 주제로 책을 저술하여, 스승인 플라톤과 함께 고대 그리스 철학이 서양 철학의 바탕을 이루는 데에 이바지하였다.

아우구스티누스(Augustinus, 354430) : 초기 기독교 교부(신학자). 그는 중세 기독교 신학뿐만 아니라 서양 철학사에도 큰 영향을 미쳤다. 중요한 책으로는 《고백록》, 《삼위일체론》이 있다.

아인슈타인(Albert Einstein, 1879~1955) : 독일 태생의 이론물리학자. 1905년에 특수 상대성 이론, 광양자 가설을 발표하고 1915년에 일반 상대성 이론을 발표했다. 일반 상대성 이론은 양자역학과 함께 현대물리학의 바탕을 이루며, 주로 천체나 우주의 진화 과정과 성질을 설명한다. 그는 일반 상대성 이론과 양자역학을 통합하기 위해 노력했으나 끝내 성공하지 못했다.

에피쿠로스(Epicurus, 기원전 341~기원전 270 : 고대 그리스의 철학자. 데모크리토스의 영향을 받은 에피쿠로스는 고대 원자론을 완성하였다. 그의 철학은 전쟁과 혼란의 시기에 점성술이나 운명론에 의지하던 사람들에게 기존의 통념을 비판하는 비판 철학이었다. 에피쿠로스 윤리학이 지향하는 '쾌락'은 향락이 아니라 영혼의 평안 또는 유쾌함을 뜻한다.

엠페도클레스(Empedocles, 기원전 490?~기원전 430?) : 고대 그리스의 철학자. 그는 모든 것이 네 가지 원소(불, 물, 땅, 공기)로 구성되어 있다고 주장했다. 네 원소는 어느 때는 '사랑'으로 결합하고 어느 때는 '미움'으로 분리된다고 한다. 하지만 원소 자체는 소멸되지 않고 그것들이 결합한 만물만이 생성과 소멸을 되풀이한다.

예수(Jesus Christ, 기원전 4?~30?) : 1세기 초 갈릴래아의 나자렛 출신 유대인 설교자이며 종교 지도자로서 그리스도교의 창시자. 예수의 생애와 가르침은 〈신약성서〉의 네 복음서로 전해지며 그리스도교에서는 야훼 신과 더불어 신앙의 대상이다.

오일러(Leonhard Euler, 1707~1783) : 스위스 바젤 출신의 수학자. 수학의 여러 분야에서 많은 업적을 남겼으며 현재 사용하는 여러 수학 기호들을 도입하거나 대중화했다. 오일러는 수학뿐만 아니라 물리학이나 천문학에도 기여했다. 오일러의 공식으로 유명하다.

장자(莊子, 기원전 369?~기원전 286?) : 중국 고대 전국 시대의 사상가. 이름은 장주(莊周)이고, 자는 자휴(子休)이다. 노자와 장자를 묶어 흔히 노장사상이라고 부른다. 하지만 혼란한 세상을 구하기 위해 무위의 정치를 펼칠 것을 주장한 노자와 달리, 장자는 속세를 벗어나 자연 속에서 유유자적한 삶을 추구했다. 모두 33편으로 이루어진 《장자》는 내편, 외편, 잡편으로 나뉘는데, 내편만 장자가 쓰고 나머지는 제자들이 쓴 것으로 여겨진다.

제논(Zenon, 기원전 495?~기원전 430?) : 고대 그리스의 철학자. 파르메니데스의 제자인 제논은 이른바 '제논의 역설'을 통해 물질의 다원성과 운동성을 인정했을 때 발생하는 자가당착을 생생하게 보여 주었다.

칸토어(Georg Cantor 1845~1918) : 독일의 수학자. 집합 개념의 기초를 세웠으며, 무한 집합을 분석하여 현대 수학의 기반이 되는 집합론을 창시하였다.

칸트(Immanuel Kant, 1724~1804) : 독일(프로이센)의 철학자. 서양 근대 철학사에서 유럽 대륙의 합리주의와 영국의 경험주의를 종합하여 '코페르니쿠스적 혁명'을 일으켰다고 평가받으며 서양 철학의 전 분야에 큰 발자취를 남겼다. 주요 저서로는 3대 비판서인 《순수이성비판》, 《실천이성비판》, 《판단력비판》이 유명하다.

파르메니데스(Parmenides, 기원전 515?~기원전 445?) : 고대 그리스의 철학자.

"있는 것은 있고 없는 것은 없다."고 주장한 파르메니데스의 사상은 플라톤에게 큰 영향을 미쳤으며 서양 철학의 핵심인 존재론과 형이상학의 바탕이 되었다.

파스퇴르(Louis Pasteur, 1822~1895) : 프랑스의 생화학자. 질병과 미생물의 연관 관계를 밝혀내고 저온 살균법, 광견병, 닭 콜레라의 백신을 발명하여 세균학의 아버지로 불린다.

플라톤(Platon, 기원전 428?~기원전 347) : 고대 그리스의 철학자. 소크라테스의 제자이며 아리스토텔레스의 스승이다. 대학의 원형인 '아카데메이아'를 세우고 정치학, 윤리학, 형이상학, 인식론 같은 폭넓은 주제를 가르쳤다. 현대 철학자인 화이트헤드가 "서양 철학의 주요 내용은 플라톤에 대한 각주로 구성되어 있다." 고 말했을 정도로 플라톤의 철학은 서양 철학에 큰 영향을 미쳤다. 주요 저서로 《소크라테스의 변명》, 《향연》, 《국가론》, 《티마이오스》 들이 있다.

플로티누스(Plotinus, 205~270) : 로마 시대의 철학자. 플라톤의 철학을 계승한 플로티누스는 '하나'에서 '여럿'이 흘러나왔다는 '유출설'을 주장했으며, 신플라톤주의의 창시자로 불린다.

하이데거(Martin Heidegger, 1889~1976) : 독일의 철학자. 현상학, 해석학, 실존주의 같은 현대 철학 사조에서 중요한 철학자로 평가받는다. 대표 저서로 《존재와 시간》이 널리 알려졌다.

헤겔(Georg Wilhelm Friedrich Hegel, 1770~1831) : 독일(프로이센)의 철학자. 칸트, 피히테, 셸링의 독일 관념론 철학을 계승하여 완성하였다. 저서로 《정신현상학》, 《법철학》, 《논리학》 들이 있다.

이 책에 나오는 우리말

《우주의 역사》를 쓰는 데에 이미 굳어진 물리학, 생물학, 수학, 철학 용어를 쓰는 것은 '좀누리'나 '한누리' 같은, 실증적 증거보다 상상력이 훨씬 더 큰 몫을 하는 영역에서는 마뜩잖은 구석이 있어서 될 수 있는 대로 우리말로 바꾸어 쓰기로 했다. 그래서 내가 바꿔 낸 낱말들이 적지 않다. 우리말을 살리고 가꾸는 일에 뜻을 함께하는 분들이 남은 빈자리를 함께 채워 주시기를 바란다.

	우리말	학문용어
ㄱ	감돌이	응집 凝集
	감몸	흑체 黑體, black body
	거시기머시기	하나님(1)과 빔(0)을 아울러 부르는 이름.
	검은 구멍	블랙홀 black hole
	검은 몸	흑체 黑體, black body
	결	파동 波動, wave
	결길이	파장 波長
	결떨림	진동파 振動波
	곱은줄	곡선 曲線
	구드미	고체 固體
	구슬꼴	구형 球形
	굽동그라미	포물선 抛物線
	그늘씨, 그늘알갱이	전자 電子, electron
	그리매	허상 虛像, 환영 幻影, 영상 映像
	꽉참	충만 充滿
	끌힘	인력 因力
	끝없음	무극 無極, 무한 無限
	끝있음	유한 有限
ㄴ	나사꼴	나선형 螺旋形
	남돌이	공전 公轉
	낱몸	개체 個體

	우리말	학문용어
ㄷ	다님별	행성 行星
	동그미	구형 球形
	돌이	원운동, 회전, 순환
	되풀이	반복 反復
	둥글뿔	원추 圓錐
	뒤집기	반전 反轉
	땅껍질	지각 地殼
	땅별	지구 地球
	땅켜	지층 地層
	때데	시공간 時空間
	때데한몸	시공 연속체 spacetime continuum
	떼살이	집단생활
ㅁ	마침끝	극한점
	말대기	논증 論證
	맴돌이	평형 운동, 공전 公轉
	맴돌이별	행성 行星
	맹간 데	인위적 공간
	맹갈 때	인위적 시간
	머리굴림	추론 推論
	모를 누리	맘눈(심안)으로만 보이는 세계
	물렁이	액체 液體
	물반듯	수평 水平
	뭇산이	생명체
	밀힘	척력 斥力
ㅂ	바른모세모꼴	직각삼각형
	바른줄, 바른금	직선 直線
	바탕꼴	원형 原型
	벌레 구멍	웜홀 worm hole
	별구름	성운 星雲

	우리말	학문용어
ㅂ	별무리, 별떼	성단 星團
	별자리	성좌 星座
	볕씨, 볕알갱이	양자 陽子, proton
	본샘	원천 源泉
	붙박이별	항성 恒星
	비슷그림	시뮬레이션 simulation
	빈터, 빔	공간 空間, space
	빗동그라미	타원형 楕圓形
	빛덩이, 빛톨	광자 光子, photon
	빛버무림	광합성 光合成
ㅅ	사니(산이)	생명체
	사람사니, 사람붙이	인간
	사이누리, 샛누리, 샛뉘	중간계 mid cosmos
	산것, 산몸	생체 生體, 생명체
	산톨, 산티	생명 입자
	산힘	생명력
	살눈	육안 肉眼
	살몸	육신 肉身
	살붙이	생명체
	선몸	입체 立體
	소리결	음파 音波
ㅇ	아롬	앎, 이해, 깨달음, 인식
	아롬사랑	철학 philosophy
	아롬사랑이	철학자
	아제	미래, 앞날
	알	핵 核, nuclear
	알꼴	구체 球體
	어긋말	모순 矛盾
	어제	과거

	우리말	학문용어
ㅇ	얼눈	심안 心眼
	여섯발(붙)이	곤충
	오므라미	응축되는 것
	외따니	개체 個體
	왼오른나란이짝	좌우 대칭
	움직사니	동물 動物
	이음매	연관 聯關
	이제	현재
ㅈ	작은산이	미생물 微生物
	잔산티	세포 細胞
	저됨	자기동일성
	제돌이	자전 自轉
	제때와 제데	자연적 시공간
	좀누리, 좀뉘	미시세계 microcosmos
	짓시늉	의태 擬態
ㅋ	큰펑	빅뱅 big bang
ㅌ	톨	입자 粒子, particle
ㅍ	퍼지미	확산되는 것
	푸르미	식물
ㅎ	한끝	태극 太極
	한누리, 한뉘	거시세계 macrocosmos, 우주 universe, 천체
	한뉘바람	우주풍 宇宙風
	한빔	태허 太虛, 진공 眞空
	한살이	일생 一生
	휘돌이	확산 擴散
	흰 구멍	화이트홀 white hole

철학자가 본 우주의 역사

2024년 2월 24일 1판 1쇄 펴냄
2024년 4월 30일 1판 2쇄 펴냄

글 윤구병
편집 박종호, 이성인, 최관의, 김누리, 김성재, 이경희, 임헌
디자인 서채홍, 이종희 | **제작** 심준엽
영업마케팅 김현정, 심규완, 양병희 | **영업관리** 안명선
새사업부 조서연 | **경영지원실** 노명아, 신종호, 차수민
도움 주신 분 김정순, 문지우, 이영근, 임영님, 한재경

인쇄와 제본 (주)상지사P&B
펴낸이 유문숙 | **펴낸 곳** (주)도서출판 보리 | **출판등록** 1991년 8월 6일 제9-279호
주소 (10881)경기도 파주시 직지길 492
전화 031-955-3535 | **전송** 031-950-9501
누리집 www.boribook.com | **전자우편** bori@boribook.com

값 13,000원

보리는 나무 한 그루를 베어 낼 가치가 있는지 생각하며 책을 만듭니다.

ISBN 979-11-6314-353-6 03110